Anselm Grün · Andrea J. Larson

SAG MAL, ONKEL WILLI

INHALT

Erfahrungen aus dem Alltag 16

Einsamkeit aushalten 27

Leben in Fülle 40

Stimmig leben 54

Erfolg, Ehrgeiz und Zufriedenheit 61

Geld, Besitz und Arbeit 72

Selbstlosigkeit und Selbstfindung 80

Mit der eigenen Geschichte leben 94

Liebe und Lebendigkeit 102

Bilder von Gott 122

Kirche und Glaube heute 126

Dankbarkeit und die Suche nach dem Sinn 144

Die Fragen der Philosophie und die Antworten
der Bibel 148

Auf der Suche nach einem „weiblichen" Gott 163

Vom Umgang mit Kritik und Krisen 170

Lebenswege und „letzte Dinge". 175

Nachwort 187

Über die Autoren 191

Lieber Onkel Willi,

ich erinnere mich noch gut an einen deiner Besuche bei uns zu Hause. Ich war damals an die dreizehn Jahre alt und hatte gerade meine poetische Ader entdeckt. Du saßest entspannt auf unserer wild geblümten Sofagarnitur beim Kaffeetrinken, als meine Mutter Dir erzählte, dass ich jetzt Gedichte schreiben würde und schon ein ganzes Heft voll hätte. Entweder hattest Du damals tatsächlich Langeweile oder Du konntest deiner Nichte den Wunsch einfach nicht ausschlagen – jedenfalls wolltest Du Dir meine ersten Gedichte tatsächlich durchlesen. Jenes besagte Heft habe ich immer noch, und ich staune im Nachhinein schon, wie Du als guter Onkel diese – auch noch unerklärlicherweise melancholischen – Poesieversuche so eindringlich loben konntest. Wer hätte damals gedacht, dass wir heute, zwei Jahrzehnte später, ein gemeinsames Buch schreiben würden.

Ich freue mich richtig darauf, Dir persönliche Fragen zu stellen und Dich als Mensch noch einmal von einer neuen Seite kennenzulernen. Außerdem erhoffe ich mir von Dir die eine oder andere Weisheit, auf die Du vielleicht in der Stille des Klosters gestoßen bist. Eine Stille, die mir als Mutter von drei Kindern in meinem Alltag fast vollständig abhanden gekommen ist. Ich bin gespannt, wie sich unsere Erfahrungen und Lebenseinstellungen überlappen, wie sie sich vielleicht ergänzen oder sogar im Konflikt miteinander stehen. Ich habe aber das Gefühl, dass wir uns im Kern nicht unähnlich sind, trotz der deutlichen und zahlreichen Unterschiede: Du bist der Bruder meiner Mutter, also eine Generation älter als ich. Als Mann und Frau sind wir ohnehin grundverschieden. Du lebst im Kloster und hast Spiritualität und Religion zu deinem Lebensmittelpunkt gemacht, ich bin nach Amerika ausgewandert, um meiner Liebe zu folgen, und habe meine Familie zu meiner Hauptaufgabe gemacht. An einem Punkt sind wir uns überraschenderweise einig: Du hast neben Theologie noch Wirtschaft studiert, so wie ich. An vielen Stellen ist mir deine Lebensweise aber auch fremd. Und ich bin mir sicher, es gibt den einen oder anderen Reibungspunkt, an dem wir keinen gemeinsamen Nenner finden werden. Auf jeden Fall verspricht es interessant zu werden – und wenn ich deinen Humor richtig einschätze, auch amüsant.

Eigentlich müssen wir zu allererst einmal klarstellen, wie es zu dem Buchtitel kam und dass es in unserer Familie eine Spaltung gibt: der eine Teil nennt Dich nämlich seit Deiner Profess bei Deinem Ordensnamen Anselm, der andere Teil bleibt weiterhin bei Deinem Taufnamen Wilhelm, so wie ich auch.

Wie bringst Du den spirituellen Anselm und den Willi von früher unter einen Hut – passen sie gut zusammen oder gibt es da auch häufig Konflikte? Versuchst Du Dir den Willi noch zu erhalten, oder gehört der nur in Deine Kindheit? Wie fühlt es sich an, wenn man seinen Vornamen, den man seit Kindesbeinen trägt, plötzlich ablegt? Ich kann Dir gleich sagen, dass mir das Ablegen meines *Nach*namens gar nichts ausgemacht hat, den konnte nämlich in den USA keiner aussprechen. Außerdem durfte ich ihn zu meinem zweiten Vornamen umfunktionieren und kenne daher die Erfahrung, den eigenen Namen aufzugeben, nicht wirklich. Wird man mit einem neuen Namen also auch zu einem neuen Menschen? Und wieso hast Du Dir eigentlich den Namen Anselm ausgesucht?

Liebe Andrea!

Du fragst mich nach meinem Namen. Da muss ich unterscheiden zwischen meiner emotionalen Haltung zu den beiden Namen und der eher spirituellen Haltung. Willi haben mich meine Eltern genannt und meine Geschwister. Und die ersten 19 Jahre wurde ich nur so genannt. Das war meine Identität. Als ich ins Kloster eingetreten bin, sollten wir uns ja einen Ordensnamen wählen. Ich habe lange überlegt. Dann bin ich auf Anselm gekommen, denn Anselm von Canterbury hat mich fasziniert. Damals wusste ich von ihm noch nicht so viel. Ich wusste nur, dass er der größte Theologe im Benediktinerorden war. Damals nach dem Abitur war ich sehr ehrgeizig. Ich wollte auch ein großer Theologe werden. Erst später habe ich mich mit Anselm mehr beschäftigt. Da sind mir zwei Aspekte seiner Person aufgefallen. Er war ein klarer Denker, aber zugleich ein betender Theologe. Sein Programm war: *Fides quaerens intellectum*, das heißt: „Der Glaube sucht nach Einsicht".

Der Glaubende gibt sich nicht damit zufrieden, etwas zu glauben, was ihm von außen vorgesetzt wird. Er möchte eindringen in das, was er glaubt. Und er möchte es mit seinem Verstand in Einklang bringen. Das ist sicher auch ein wichtiges Programm meiner Theologie. Ich möchte immer fragen: Was bedeutet das für mich? Welche Erfahrung steckt hinter dieser Aussage? Und zu welcher Erfahrung möchte mich dieser Glaubenssatz führen? Der zweite Aspekt: In seiner Lebensbeschreibung heißt es, dass Anselm der liebenswürdigste Mensch seiner Zeit war. Das kann ich natürlich nicht kopieren. Aber eine Herausforderung ist es für mich schon, dass ich ganz und gar Mensch bleibe und nicht abhebe in meiner Theologie.

Da ich jetzt schon 49 Jahre mit dem Namen Anselm lebe, fühle ich mich mit diesem Namen innerlich verbunden. Und ich erlebe meine Identität in diesem Namen. Aber wenn mich meine Geschwister und Neffen und Nichten „Willi" nennen, kommt da auch etwas Vertrautes in mir hoch. Ich bin auch als Mönch einer aus der Familie Grün. Ich stehe nicht über den andern. Ich fühle mich dann als Bruder meiner Schwestern und Brüder. Und es ist für mich gut, dass ich im Kreis der Familie auf der gleichen Ebene stehe wie alle anderen, dass die Erlebnisse, die uns in der Kindheit geprägt haben, zu mir gehören. Im Namen Willi höre ich also meine Wurzeln mit. Und die gehören auch zu meiner Identität.

In den letzten Jahren habe ich mich mehr mit der Etymologie der Namen beschäftigt. Wilhelm heißt: der willige Schützer. Mein Vater hat ja Wilhelm geheißen. Und von ihm habe ich den Namen übernommen, obwohl ich ja nicht der älteste Sohn bin, sondern erst der dritte. Mein Vater war der Schützer für unsere Familie. Er hat auch uns Kindern den Rücken gestärkt. So begegnet mir in diesem Namen etwas sehr Vertrautes. In meinem ganzen Wesen wollte ich auch immer andere schützen. Ich konnte es nie vertragen, wenn jemand vor anderen lächerlich gemacht wurde. Das weckte immer meinen Beschützerinstinkt. Anselm heißt: der von den Göttern Geschützte. Das hat mich sehr erstaunt, als ich diese Parallele in den beiden Namen sah. Im Namen Anselm erkenne ich, dass ich von Gott geschützt bin. Und weil ich von Gott geschützt bin, traue ich mir manches zu. Die Erfahrung von Gottes Schutz nimmt mir die Angst davor, etwas Neues zu probieren. Und diese Angstfreiheit verbindet mich auch mit meinem Vater. Er war ein mutiger Mann.

Er ist ja ohne Geld aus dem Ruhrgebiet ins katholische Bayern gezogen und hat da aus nichts ein Geschäft aufgebaut.

So sagen mir beide Namen etwas. Und ich spüre in mir selbst keinen Zwiespalt. Beide Namen sagen für mich etwas Wesentliches über meine Identität aus. Der neue Namen hat sicher etwas in mir in Bewegung gebracht. Aber er hat mich nicht von meinem ursprünglichen Namen entfremdet.

Du sprichst von der Verbindung zu Deinem Vater durch Euren gemeinsamen Vornamen – aber auch durch die Ähnlichkeit in Eurem Wesen. Leider ist er gestorben, bevor ich geboren wurde. Ich weiß, dass er auch mit dem Gedanken gespielt hatte, selbst ins Kloster zu gehen, dann jedoch siebenfacher Familienvater geworden ist. Sicherlich kam im Alltag mit den vielen Kindern seine geistige und spirituelle Seite nicht so zum Zuge, wie er es sich vielleicht gewünscht hätte. Carl Gustav Jung sagte einmal: *„Nichts hat einen stärkeren Einfluss auf das Leben der Kinder als das ungelebte Leben der Eltern."* Es ist ja häufig so, dass wir unbewusst Sehnsüchte unserer Eltern aufnehmen und dann selbst ausleben. Daran finde ich generell auch nichts Schlechtes, denn oft sind wir uns ja auch im Wesen ähnlich – und unseren Eltern war es vielleicht einfach nicht möglich, diesen Träumen nachzugehen.

Siehst Du Dich jetzt, im Rückblick auf deine eigene Entscheidung, schon als junger Mann Mönch zu werden, als eine Art „Traum-Träger" für Deinen Vater?

In der Spiritualität war ich sicher meinem Vater ähnlich. Ich konnte mich genauso wie er begeistern für die Schönheit der Natur und für die Schönheit der Liturgie und für das Geheimnis Gottes. Dass ich das ungelebte Leben meines Vaters im Kloster lebe, daran habe ich noch nie gedacht. Aber als ich den Satz, den Du von C. G. Jung zitierst, daraufhin nochmals meditiert habe, bin ich doch nachdenklich geworden. Es kann durchaus sein, dass ich mit meinem Wunsch, ins Kloster zu gehen, etwas von seinen ungelebten Träumen ausgelebt habe. Mein Vater war ja Kaufmann. Seine drei Geschwister waren alle Benediktiner: der Bruder war P. Sturmius, Mönch in Münsterschwarzach, seine älteste Schwester war Benediktinerin in Herstelle: Sr. Synkletika, und seine jüngste Schwester Sr. Giselinde war Missionsbenediktinerin in Tutzing und von dort aus kam sie nach Manila. Mein Vater erzählte mir, dass er als Junggeselle mal nach St. Ottilien kam und dort um Aufnahme ins Kloster bat. Er wurde dem Novizenmeister vorgestellt. Das war P. Erhard Drinkwelder. Der fragte ihn nur kurz: Was sind Sie von Beruf? Als er antwortete, er sei Kaufmann, meinte P. Erhard, Kaufleute könnten sie im Kloster nicht gebrauchen. Daraufhin hat sich mein Vater dann anders orientiert und nach einer Frau Ausschau gehalten. Und ich denke, er hat mit seiner Familie dann doch großen Segen gestiftet.

Ich fühle mich auf jeden Fall in meinem Mönchsein nicht fremdbestimmt. Auch wenn ich vielleicht eine Art „Traum-Träger" für meinen Vater bin, habe ich das Gefühl, dass dieses Leben für mich stimmt. Mein Vater war natürlich stolz, dass ich Benediktiner geworden bin. Aber leider ist er kurz vor meiner Priesterweihe gestorben. Er hatte schon die Rede schriftlich vorbereitet, die er an meiner Primiz halten wollte. Da ist sicher sein eigener Traum in Erfüllung gegangen. Ich empfinde es heute so, dass ich von meinem Vater die spirituelle Sehnsucht mitbekommen habe. Aber es ist heute meine persönliche Sehnsucht, die ich als Mönch zu leben suche.

Ähnlich empfinde ich meinen Weg auch: Meine Mutter hatte mich vor längerer Zeit einmal gefragt, ob ich denn das Gefühl hätte, unbewusst *ihre* Liebe für das Ausland und die Neugier auf andere Kulturen auszuleben, weil sie als junge Frau nicht die Freiheit hatte, einfach zu gehen. Ich war damals ganz überrascht, denn ich meinte bis dahin, stolz meinen ganz eigenen, anderen Weg gegangen zu sein. Und doch sehe ich unsere Gemeinsamkeiten, dass wir zumindest in Bezug auf unsere Lebensneugier einfach aus demselben Garn gestrickt sind, so wie Du es auch mit Blick auf die Spiritualität Deines Vater erlebt hast. Als Mutter erlebe ich jetzt selbst, dass man unbewusst sicherlich auch Sehnsüchte und nicht nur ähnliche Fähigkeiten weitergibt.

Natürlich gehen wir unsere Wege zu allererst einmal für uns selbst, weil sie uns innerlich ansprechen, irgendwas in uns berühren. Ich wollte mit meiner Auswanderung etwas ganz Neues erleben, andere Menschen und ihre Kultur von Grund auf verstehen lernen, mich herausfordern und mich noch einmal neu erfahren – oder vielleicht sogar neu erfinden.

Aber vielleicht gehen wir unsere Wege auch, um Menschen mit denselben Sehnsüchten in ihrem Wesen besser zu verstehen. Vielleicht empfinden wir es unbewusst so, als ob wir ihnen dadurch besonders nahe sein könnten.

Ja, ob Du willst oder nicht, Du vermittelst Deinen Kindern nicht nur das, was Du gerne möchtest, sondern auch das, was in Dir lebt, und das, was Du manchmal nicht so leben kannst, wie Du es vielleicht gerne möchtest. Ich finde das ganz normal. Unsere Aufgabe ist nur, dass wir uns dessen bewusst werden. Keiner von uns beginnt am Nullpunkt. Wir haben immer etwas mitbekommen von unseren

Eltern. Irgendwann müssen wir uns dann entscheiden, ob wir das, was wir von den Eltern unbewusst angenommen haben, bewusst so weiterleben möchten oder ob wir uns in Freiheit für unseren persönlichen Weg entscheiden, der gar nicht so viel anders sein muss als der Weg der Eltern. Aber es ist dann unser eigener Weg.

Du sprichst von der geistigen Verbundenheit zu Deinem Vater. Welche Ähnlichkeiten siehst Du aber zwischen Dir und Deiner Mutter, meiner Oma, die mit ihrer praktischen, kommunikativen Art sicherlich in vieler Hinsicht im starken Kontrast zu Deinem Vater stand?

Ich habe sicher viel von meinem Vater übernommen. Aber auch meiner Mutter verdanke ich einiges. Da ist einmal ihre praktische und optimistische Art, einfach zuzupacken, wenn es nötig war. Es war ihre Leichtigkeit und ihr Humor, mit dem sie schwierige Situationen gemeistert hat. Und es war ihre Kunst, mit ihrem Älterwerden und mit ihren Krankheiten so umzugehen, dass sie immer fröhlich blieb. Von meiner Mutter habe ich sicher auch das Interesse am Menschen geerbt. Als Jugendliche lästerten wir öfter über die Neugier der Mutter, weil sie alles von den Leuten wissen wollte. Aber es war nicht bloß Neugier. Es war ehrliches Interesse am Menschen und an seiner einmaligen Geschichte. Von der Mutter habe ich den Sinn für das Praktische mitbekommen. Aber auch den einfachen Glauben, dass wir in Gottes Hand sind, dass Gott für uns sorgt.

Schon als Zehnjähriger hast Du Dich für ein Klosterinternat entschieden – in einem Alter, in dem meine Kinder mich noch regelmäßig bitten, ob ich mich abends zum Kuscheln zu ihnen ans Bett setzen will. Wie kam es zu dieser Entscheidung, die ja einen Abschied aus Deiner großen Familie mit sechs Geschwistern bedeutete? Hattest Du schon in so jungen Jahren die Erkenntnis, dass Mönchtum Deine Berufung sei? Was hat Dich an dem Gedanken, ins Internat zu den Mönchen zu gehen, besonders angesprochen?

Mit zehn Jahren konnte ich noch keine Lebensentscheidung treffen. Trotzdem war ich von dem Numinosen, das vom Priesteramt ausgeht, fasziniert. Mein Vater hat mir dann Broschüren über St. Ludwig – wo das Internat der Abtei Münsterschwarzach war – und die Abtei Münsterschwarzach besorgt. Ich habe darin gelesen und war davon berührt. Ich konnte mich damals schnell begeistern. Und so bin ich in dieser Begeisterung mit zehn Jahren ins Internat gegangen. Am Anfang hatte ich schon ziemlich großes Heimweh, denn die Welt im Internat war wesentlich rauer als in unserer Familie. Und manche Essgewohnheiten machten mir zu schaffen. Aber es hielt mich immer der Gedanke, dass ich später einmal Mönch und Missionar werde. Was damit alles verbunden ist, war mir natürlich damals nicht so recht klar. Aber es war in mir der Drang, die Welt zu verändern, zu verbessern, die christliche Botschaft überallhin zu tragen. Es waren da sicher auch viele kindliche Wünsche nach Bedeutsamkeit mit im Spiel. Und ich hatte großen Ehrgeiz, in dieser Welt etwas Besonderes zu sein und etwas Besonderes zu leisten. Aber offensichtlich braucht man am Anfang diese Begeisterung, um sich auf den Weg zu machen. Auf dem Weg kommen dann schon genügend Ernüchterungen. Und dann ist die Frage: Was will ich wirklich? Diese Frage habe ich mir natürlich gerade in der Pubertät immer wieder gestellt. Aber bei allen Zweifeln, die mir kamen, hat mich immer der Gedanke getragen, als Mönch und Missionar diese Welt zu verändern und zu verbessern.

ERFAHRUNGEN AUS DEM ALLTAG

Heutzutage wird jungen Menschen häufig nahegelegt, langfristige oder sogar für das ganze Leben bedeutsame Entscheidungen nicht zu früh zu treffen. Es wird – zu Recht – befürchtet, dass wir uns und unsere Umwelt in jungen Jahren noch nicht gut genug kennen und deshalb die Konsequenzen solcher wichtigen Entscheidungen noch nicht realistisch einschätzen können. Besonders in meiner Generation haben Flexibilität, Wahlmöglichkeiten und Ausprobieren verschiedenster Lebens- und Berufsformen für viele Menschen höchste Priorität. Diejenigen, die sich frühzeitig an eine Lebensform binden, bereuen es oft später. Paare, die schon in jungen Jahren geheiratet haben, haben beispielsweise ein eindeutig höheres Scheidungsrisiko als solche, die sich erst später trauen lassen. Ob dies nun tatsächlich auf ihrer „schlechten", vielleicht verfrühten Entscheidung beruht oder sich durch die permanenten Verlockungen anderer Möglichkeiten ereignet, sei hier dahingestellt.

Als Du Dich als junger Erwachsener für das Mönchtum entschieden hast, warst Du gerade einmal in einem Alter, in dem andere nicht einmal die lebenslange Bindung an *eine* Frau wagen würden – aus Angst, auf die Versuchung anderer Frauen verzichten zu müssen. Wie kamst Du zu der Überzeugung, dass dieser Weg für Dich der richtige ist, trotz der Einschränkungen, die diese Lebensform mit sich bringt? In einem Interview, das ich vor längerer Zeit gelesen habe, sagtest Du, dass Du damals Angst hattest, „zu verbürgerlichen", wenn Du nicht ins Kloster gehen, sondern einen normalen Familienalltag leben würdest. Was genau wolltest Du damit ausdrücken? Was hättest Du in einem bürgerlichen Leben nicht finden können, was wäre zu kurz gekommen? Und umgekehrt: Was hätte Dir ein solches Leben vielleicht auch ermöglicht, auf was hast Du verzichtet?

Als ich mich mit 19 Jahren für das Mönchtum entschied, habe ich natürlich nicht alle Konsequenzen bedacht. Natürlich hatte ich mit 19 Jahren auch manchmal die Sehnsucht, mit einer Frau zusammen zu sein. Aber die Faszination der Berufung, Missionar zu sein, war größer. Ich war damals mehr vom Willen geprägt. Später im Kloster kam ich dann erstmals mit meinen tiefsten Gefühlen in Berührung. Und da war es nochmals neu eine Frage für mich, ob es nicht besser wäre, zu heiraten. Denn ich habe erst im Kloster wirklich gespürt, worauf ich verzichtet habe. Aber wenn ich mir dann vorgestellt habe, dass ich heirate, wenn ich es mir in allen Einzelheiten ausgemalt habe, dann kam tief in mir das Gefühl hoch: Nein, dieser Weg im Kloster stimmt für mich. Und es kam auch wieder die Befürchtung in mir hoch: Wenn ich heirate, „verbürgerliche" ich. Es war damals, 1968, die Zeit der Studentenrevolution. Damals verband man mit dem Wort „Verbürgerlichen" eher etwas Negatives. Für mich bedeutete es, dass ich in den Alltagssorgen aufgehe und zu wenig Raum habe, über die wesentlichen Fragen des Menschseins nachzudenken.

Natürlich weiß ich, dass man in der Ehe genauso gut über das nachdenken kann, was uns eigentlich bewegt. Aber ich hatte das Gefühl, dass mich der Weg des Mönches innerlich lebendig hält.

Ich kannte also durchaus Zweifel. Aber ich habe diese Gedanken immer zu Ende gedacht. Ich habe es mir erlaubt, mir die Alternative zum Mönchsein in allen Einzelheiten auszumalen. Und dann kam mir immer wieder neu die Erkenntnis: Ich setze auf diese Karte. Ja, das stimmt für mich.

Sicherlich gehen wir Eltern in den täglichen Alltagssorgen auf: Miete und Essen müssen bezahlt werden, kranke Kinder aufgepäppelt und traurige getröstet werden, und die Partnerbeziehung soll bei all dem Trubel auch nicht untergehen. Idealerweise wünschen wir uns auch in unserer Partnerschaft immer wieder ein Feuerwerk der Begeisterung. Ja, Elternschaft heutzutage ist nur etwas für „Multi-Tasker", da bleibt wirklich nicht viel Zeit, über die wesentlichen Fragen des Menschseins nachzudenken.

Trotzdem bietet das „bürgerliche" Leben meiner Meinung nach eine ideale Plattform, um die wesentlichen Fragen des Lebens in der Praxis auszutesten. Ich behaupte sogar, dass ich die christlichen Werte noch nie so intensiv gelebt habe wie momentan in meiner Rolle als Mutter und Ehefrau: Ich versuche meine Kinder durch das Leben zu führen, ich sehe in ihnen allen einen Teil von mir, meine Stärken und meine Schwächen. Ich versuche Authentizität und Integrität, Verlässlichkeit und Vertrauen vorzuleben und weiterzugeben. Ich versuche Liebe zu schenken, obwohl ich manchmal ziemlich müde bin. Ich muss jeden Tag aufs Neue vergeben und verzeihen lernen – den Kindern und auch mir selbst. In der Partnerschaft muss ich immer wieder erkennen, dass mein Mann und ich mehr sind als nur ein Paar – dass wir ein Zuhause für unsere Kinder schaffen und dass deshalb unsere persönlichen Wünsche nicht immer im Vordergrund stehen können. In meiner Beziehung muss ich Toleranz gegenüber der Andersartigkeit meines Mannes lernen und er mir gegenüber, wenn wir dauerhaft unter einem Dach zusammen leben wollen.

Meine eigenen Schwächen wurden mir in meiner Partnerschaft erst richtig bewusst – mein Mann hat sich über die Jahre als wirksamer Spiegel für mich entpuppt. Ich musste außerdem lernen, eine gesunde Balance zwischen Selbstlosigkeit und Wertschätzung der eigenen Bedürfnisse zu entwickeln. Wir wünschen uns, *mit* unseren Schwächen vom Partner geliebt und angenommen zu werden, so wie wir es uns eigentlich auch von Gott wünschen.

Deshalb geht es meines Erachtens gar nicht so sehr darum, welcher Lebensstil sich besser eignet, um über die wesentlichen Fragen des Lebens nachzudenken. Vielleicht handelt es sich schlichtweg um eine Lebensstil-Präferenz, ob ich nun als Mönch oder als Familienmensch die Grundzüge des Lebens begreifen muss.

Vielleicht merken wir erst im Laufe des Lebens, dass wir ohne Gehirngymnastik keine dauerhafte Einsicht, und ohne dauerhafte Einsicht keine Zufriedenheit erlangen.

Ich kann mir allerdings vorstellen, dass man auch als Mönch nicht ausschließlich über die wesentlichen Lebensfragen theoretisieren kann. Es braucht die Erfahrung.

Welche Erlebnisse im Mönchs-Alltag haben Dich herausgefordert, die christlichen Werte wie Liebe, Vergebung, Selbstlosigkeit, oder Toleranz (um nur ein paar wenige zu nennen) auch in die Praxis umzusetzen?

Du hast recht: Man kann die christlichen Werte in der Familie, in der Partnerschaft und im Beruf genauso leben wie im Kloster. Die eine Lebensweise ist nicht besser als die andere. Sie ist nur anders. Alle Lebensweisen bergen Gefahren in sich. Die klösterliche Lebensweise kann dazu führen, dass man es sich bequem macht, dass man nur um sich selbst kreist, das alles allerdings unter einem spirituellen Deckmantel. Und die weltliche Lebensweise kann zur Verbürgerlichung führen. Aber beide Lebensweisen gelingen nur dort, wo wir uns der eigenen Wahrheit stellen, wenn wir uns für andere einsetzen und hingeben und wenn wir die Werte wie Liebe, Vergebung, Selbstlosigkeit und Toleranz leben. Im Kloster hat mich vor allem die Gemeinschaft immer wieder herausgefordert. Ich lebe ja mit 90 Männern zusammen unter einem Dach. Und da gibt es natürlich auch verschiedenste Charaktere. Sie sind für mich ein Spiegel, um meine eigene Wahrheit zu erkennen. Gerade als Cellerar werde ich mit den Bedürfnissen und Ansprüchen der einzelnen Mitbrüder konfrontiert. Da braucht es immer wieder Weite und Toleranz. Und in meiner Arbeit in der Verwaltung übe ich Selbstlosigkeit und Liebe ein. Beim Zusammenleben geht es nicht ohne Vergebung, denn es gibt immer wieder Verletzungen und Enttäuschungen. Wenn ich nicht vergeben würde, würde ich mit der Zeit bitter werden. So ist für mich gerade die Führungsaufgabe als Cellerar eine ständige spirituelle Herausforderung. Bevor ich in die Verwaltung gehe, versuche ich in der Meditation meine Emotionen zu reinigen, damit von mir Frieden und Zuversicht ausgeht und nicht Bitterkeit oder Unzufriedenheit oder Härte.

Da wir schon beim Thema Lebenspraxis sind: Ich hatte als Jugendliche und junge Frau total überhöhte Vorstellungen davon, wie gesund sich später meine Kinder ernähren müssten, wie entspannt und liebevoll ich als Mutter sein würde, und dass sich *meine* Kinder natürlich niemals schlecht benehmen würden – sie hätten ja bei einer zukünftigen Super-Mutter auch gar keinen Grund dazu! Ich dachte damals, die Ehe wäre ein Kinderspiel, und meine Aufgaben zu Hause sowieso. Aber rückblickend muss ich Goethe zustimmen, der bereits vor über 250 Jahren klug erkannte: *„Erfahrung ist fast immer eine Parodie auf unsere Idee".*

Aber ich habe dazugelernt: Ich bin davon überzeugt, dass ich heute mehr weiß als gestern und morgen mehr wissen werde als heute. Es fällt mir deshalb schwer, anderen Menschen Ratschläge in Lebensfragen zu geben, wenn ich solche Situationen selbst noch nicht erlebt habe. Mittlerweile bin ich der Meinung, dass nur die Erfahrung uns wirklich zeigt, was wir lernen müssen, dass jeder Mensch seine Realität anders interpretiert und schlichtweg anders ist. Was für uns selbst richtig ist, muss nicht für andere richtig sein.

Ein Psychologe sagte mir einmal, dass seelische Abstürze manchmal auch eine Art Fortschritt sein können – denn damit kommen wir unserem absolut tiefsten Punkt im Leben näher. Einem Moment, in dem wir endlich dazu bewegt werden, aufzustehen. Die Realität ist also reine Interpretationssache.

Natürlich bedeutet dies nicht, dass wir generell keine Ratschläge annehmen können und jede Erfahrung selbst durchlebt werden muss, um daraus eine Erkenntnis zu ziehen. Aber die Lehren, die uns Menschen mit ähnlichem Erfahrungsschatz erteilen, sind meistens am hilfreichsten.

Gott sei Dank können wir ja nachfragen, und genau das machst Du als geistlicher Begleiter in vielen persönlichen Gesprächen, die

Du regelmäßig führst. Von daher hast Du sicherlich einen Vorteil, wenn es darum geht, als Mönch „Normalbürgern" Ratschläge zu geben, selbst wenn Du deren Erfahrungen selbst nicht unbedingt teilst. Dass Du so viele Leser mit deinen Worten berührst, ist ja Beweis genug, dass Du ihre innersten Sehnsüchte ansprichst.

Trotzdem bin ich immer wieder verwundert, wenn ich von Geistlichen Ratschläge zu Themenbereichen höre, die sie selbst nicht hautnah erfahren haben. Zum Beispiel zu Fragen der Partnerschaft, der Sexualität, zu Erfolgsdruck, Frauen- und Familienangelegenheiten. Denn dies alles sind doch Themenbereiche, denen sich Mönche und katholische Priester mit ihrer Lebensweise bewusst entziehen. Gibt es deiner Meinung nach Themen-Grenzen, die Geistliche aus Respekt vor der Authentizität der Erfahrung des Ratsuchenden nicht überschreiten sollten? Oder kann man jedes Problem sozusagen auf einen urmenschlichen Nenner bringen, sodass wir anderen mit ganz anderen Erlebnissen doch Hilfe bieten können?

Du sprichst ein wichtiges Thema an. Ich kann dem andern keine Ratschläge von außen geben. Und die Realität ist immer anders als unsere Ideale. Wer nur von Idealen her denkt, der wird schnell enttäuscht, oder aber er lebt auf zwei Ebenen. Im Kopf hat er seine Ideale, aber die Wirklichkeit ist ganz anders. Er möchte sie aber nicht wahrhaben.

Ich verstehe mich als Mönch absolut nicht als Ratgeber. Deshalb mag ich auch die vielen Ratgeberbücher nicht. Ich versuche in Gesprächen auf das zu hören, was die Menschen mir erzählen. Ich versuche, mich in sie hineinzudenken. Ich frage nach, was ihnen helfen könnte. Ich versuche, den Gesprächspartner mit der Weisheit seiner eigenen Seele in Berührung zu bringen. Ich maße mir nicht an, dem andern Vorschriften zu machen oder Ratschläge zu erteilen. Ich kann ihm nur spiegeln, was das Erzählte bei mir auslöst. Und manchmal sage ich dann auch, wie ich selbst damit umgehen würde.

Früher haben die Priester sicher viel zu viel in die Ehen hineingeredet. Katholische Priester haben sich zu sehr darum gekümmert, wie Eheleute mit ihrer Sexualität umgehen sollen. Da bin ich vorsichtig. Ich sage sowieso nur zu dem etwas, was andere mir erzählen und wonach sie mich fragen. Von mir aus frage ich andere nie nach ihrem Umgang mit der Sexualität. Oft erzählen mir die Eheleute trotzdem, wie es ihnen damit geht und welche Probleme sie haben. Aber auch dann rate ich ihnen nichts. Ich frage sie vielmehr, wie sie selbst damit umgehen möchten, was für sie hilfreich wäre.

Ich maße mir auch nicht an, Eltern Ratschläge zu geben, wie sie ihre Kinder erziehen sollen. Aber die Eltern erzählen mir, wie es ihnen mit den Kindern geht. Dann höre ich zu, versuche mich hineinzufühlen. Ich gebe keine Ratschläge. Aber ich sage dann, was mir in ihrer Situation vielleicht helfen würde. Das bezieht sich zunächst immer auf den richtigen Umgang mit mir selbst. So rate ich oft, dass sie versuchen sollen, sich selbst zu spüren und in ihrer Mitte zu sein. Denn dann lässt man sich nicht so leicht durch das Verhalten der Kinder zum Zornausbruch hinreißen. Und ich frage die Eltern: Was regt Sie an dem Kind so auf? Woran erinnert Sie das? Inwieweit ist das Kind vielleicht ein Spiegel für Sie selbst? Und ich frage nach: In welchen Situationen reagieren Sie gereizt?

Ich kann als Begleiter anderen immer nur einen Spiegel hinhalten, dazu anregen, bewusster die Situationen wahrzunehmen und mehr bei sich selbst zu sein. Und natürlich geht es sowohl in der Kindererziehung als auch zum Beispiel bei Führungsaufgaben in der Firma immer darum, an den guten Kern im Menschen – im Kind und im Mitarbeiter – zu glauben und darauf zu hoffen, dass sich das Gute im andern mehr entfaltet als die Schwächen, die jeder auch hat.

Ich gehe nie in ein Gespräch mit der Haltung: Ich weiß, wie es geht. Ich weiß gar nichts. Ich kann nur hinhören, nachfühlen, es mit meiner eigenen Erfahrung vergleichen. Im Gespräch mit dem andern kann ich versuchen, auf das zu hören, was dem andern oder was mir an Inspiration einfällt. Ein Gespräch gelingt nur, wenn beide miteinander sprechen, und nicht, wenn einer als der Wissende auftritt.

Ich verspüre oft eine große Dankbarkeit, dass mir Menschen so viel von sich erzählen, dass sie ein so großes Vertrauen haben, mir auch Dinge zu erzählen, die für sie selbst peinlich sind. Für mich ist es wichtig, dass ich nie bewerte, was der andere erzählt, sondern einfach wahrnehme, was ist, und mit ihm gemeinsam nach Wegen suche, mit den Problemen umzugehen. Und ich bin dankbar, wenn der andere anschließend aufrechter von mir weggeht, wenn er das Gefühl hat: Jetzt fühle ich mich gestärkt. Jetzt weiß ich, was ich tun muss.

Er hat es selbst erkannt und folgt nicht einfach dem, was ich ihm gesagt habe. In Gesprächen entdecke ich oft eine große Ähnlichkeit zwischen uns allen. Wir kämpfen alle mit ähnlichen Problemen: mit mangelndem Selbstwertgefühl, Empfindlichkeit, Angst, Neid und Eifersucht und den Enttäuschungen, die jeder immer wieder erlebt. Das sind durchaus Grundmuster, die für jeden zutreffen. Nur zeigt es sich jeweils anders im Kontext des Lebens. Ich weiß, dass ich als Mönch in vielem keine Erfahrung habe. Aber ich fühle mich im Gespräch dennoch dem andern sehr nahe. Ich kann spüren, wie es ihm geht. Und so können wir über das, was wir beide spüren, ins Gespräch kommen.

Oft suchen Menschen immer dann Rat, wenn sie wichtige Entscheidungen treffen müssen: Viele von uns hinterfragen später ihre Lebensentscheidungen wieder und wieder. Sie hätten gerne im Voraus etwas emotionale Unterstützung – ein mentales *Unter-Die-Arme-Greifen* sozusagen. „Was wäre gewesen, wenn …?" ist ein typischer Gedankenstrang, an dem wir alle gerne ziehen.

Gerade weil wir so viele Wahlmöglichkeiten in unserem Leben haben, sind wir uns nie sicher, den richtigen Pfad eingeschlagen zu haben. Oft begegne ich Menschen, die an scheinbar falschen Lebensentscheidungen verzweifeln, weil sie das Gefühl haben, diese nicht mehr rückgängig machen zu können und jetzt mit den Konsequenzen leben zu müssen – sei es eine Trennung vom Partner oder vielleicht Kinderlosigkeit, weil der Drang nach einer erfolgreichen Karriere den Familienwunsch zu lange in den Hintergrund gerückt hat.

Ich nehme an, dass Du hier und da auch an Deinen Entscheidungen gezweifelt hast. Wie hast Du für Dich gelernt, solche Zweifel zu überwinden, und was rätst Du anderen, denen es schwerfällt, mit den Konsequenzen ihres Handelns Frieden zu schließen?

Heute zögern viele, sich zu entscheiden, weil sie die absolut richtige Entscheidung treffen wollen. Es gibt aber keine absolut richtige Entscheidung. Es gibt nur kluge Entscheidungen, die uns einen Horizont eröffnen. Irgendwann kommen dann Gedanken, ob ich mich lieber doch anders hätte entscheiden sollen. Aber dann ist für mich klar, dass ich nicht alles auf einmal leben kann.

Wenn ich einen Weg wähle, muss ich den anderen, gegen den ich mich entschieden habe, bewusst betrauern. Betrauern geht durch den Schmerz hindurch, dass ich diesen Weg nicht gehen kann. Wenn ich durch das Betrauern in den Grund meiner Seele gelange, kann ich mein wahres Selbst entdecken. Und dann relativiert sich meine Entscheidung.

Es ist nicht so wichtig, wie ich mich entscheide, sondern dass ich mich entscheide und dann zu meinem Entschluss stehe. Das kann ich nur, wenn ich mich verabschiede von der Illusion, das absolut Richtige gewählt zu haben.

Du fragst, was ich anderen rate, denen es schwerfällt, mit den Konsequenzen ihres Handelns Frieden zu schließen. Zweifel an meiner Entscheidung stellen mich immer vor die Frage: Was will ich eigentlich mit meinem Leben? Worauf kommt es an? Kommt es darauf an, immer ein gutes Gefühl zu haben? Oder darauf, alle meine Wünsche zu erfüllen? Kommt es darauf an, dass ich authentisch lebe, dass ich auch in schwierigen Situationen reife und neue Möglichkeiten in mir entdecke? Natürlich gibt es Situationen, in denen die frühere Entscheidung in eine Sackgasse führt. Dann ist manchmal auch ein Bruch nötig. Aber bei allen Brüchen braucht es auch eine Kontinuität in meinem Leben, einen roten Faden. Wenn mein konkreter Lebenstraum – z. B. in einer Partnerschaft, oder als Mönch – zerbrochen ist, dann sollte ich nach der Essenz meines Lebenstraumes forschen. Was war das eigentliche Ziel meines Lebenstraumes? Lässt sich der auf andere Weise verwirklichen? Die Essenz meines Lebenstraumes kann nicht zerbrechen.

Jede Krise, in die uns eine Entscheidung führt, möchte das Oberflächliche in uns von der eigentlichen Tiefe scheiden, das Echte vom Aufgesetzten, das Wahre vom Schein. Und ich muss mich in jeder Krise damit aussöhnen, dass unser Leben begrenzt ist und dass wir nicht alle Möglichkeiten leben können, sondern uns für einen Weg entscheiden. Jeder Weg führt auch in die Enge.

Aber wenn ich die Enge aushalte, kann der Engpass auch zum Tor in die Weite werden.

EINSAMKEIT AUSHALTEN

Ich versuche, mir Deine bedeutende Entscheidung zum Mönchsein im Vergleich mit einer Entscheidung für eine Partnerschaft vorzustellen: In einer Beziehung gibt es immer wieder Zeiten der absoluten Nähe, in denen man von der Liebe zueinander voll und ganz überzeugt ist. Dann erleben wir allerdings auch überraschend Phasen, in denen beide Partner ihre Zusammengehörigkeit weniger stark spüren.

Ich weiß nicht, ob es leichter oder schwerer ist, Beziehungskrisen oder Zweifel an seiner Berufung zum Mönch zu überwinden. In einer Ehe kann der Partner einem die Hand reichen, einen Kuss geben und mit einer Umarmung einen immer wieder von der Richtigkeit und Beständigkeit der Liebe überzeugen. Aber manche Partner gehen ja auch einfach von heute auf morgen aus einer Partnerschaft heraus, obwohl der andere noch gerne an der Liebe festgehalten hätte. In einer Partnerschaft ist man also darauf angewiesen, dass der Partner denselben Weg einschlagen will wie man selbst. In gewisser Weise ist man dem Partnerschafts-Verständnis des anderen ausgeliefert und geht damit ein größeres Risiko ein als ein Mönch, der sich eigentlich immer „nur" selbst davon überzeugen muss, die richtige Lebensentscheidung getroffen zu haben. Aber er muss sich immer wieder alleine darin bestärken, ohne eine liebende und aufbauende Umarmung zwischendurch. Inwieweit bleibt man in einer brüderlichen Klostergemeinschaft doch ein

Alleinstreiter, der mit seinen inneren Konflikten in aller Stille Frieden schließen muss?

Natürlich heißt Mönchsein auch Einsamsein. Ich sage bewusst ja zu meiner Einsamkeit. Alleinsein ist nichts Negatives für mich. Peter Schellenbaum sagte einmal, es sei doch wunderbar, all-ein zu sein, mit allem eins zu sein.

Ein großer Teil des geistlichen Lebens besteht darin, mit seinen inneren Konflikten Frieden zu schließen. Das ist etwas, was ich allein tun muss. Aber der Weg dorthin, um mit meinen inneren Gegensätzen Frieden zu schließen, geht durchaus über das Miteinander. Wir sprechen im Kloster auch über unsere inneren Konflikte. Natürlich sage ich das nicht der ganzen Gemeinschaft. Aber es gibt eben Mitbrüder, mit denen ich mich austauschen kann. Außerdem mache ich alle sechs Wochen eine Supervision bei einem Psychologen außerhalb des Klosters. Da geht es auch darum, wie ich mit dem umgehe, was mich bewegt, was mich verunsichert, was mir zu schaffen macht.

Ob mein Mönchsein gelingt, hängt auch von der Gemeinschaft ab. Ich muss allein zu meinem Weg Ja sagen. Aber es kann sein, dass die Gemeinschaft so schwierig ist, dass ich in ihr meinen Weg nicht leben kann. Dann ist es ähnlich wie in der Partnerschaft, in der das Gelingen meiner Liebe auch vom andern abhängt.

Du sagst bewusst ‚Ja‘ zu deiner Einsamkeit. Viele Menschen leiden allerdings heute an ihrem Alleinsein. Der Soziologe Janosch Schobin hat die Entwicklung unserer Gesellschaft diesbezüglich untersucht, und stellt fest: „*Je fortgeschrittener eine Gesellschaft in ihrer institutionellen und wirtschaftlichen Entwicklung ist, umso weniger Kontaktchancen zu Familie und Verwandten bietet sie. (…) Prinzipiell hat unsere Gesellschaft die Tendenz, Kontaktchancen zu Nahpersonen zu verringern.*" Einsamkeit habe das „*Stigma des privaten Scheiterns*".

Seiner Ansicht nach bietet Einsamkeit allerdings auch so manchen Vorteil: Wer keine Angst vor Zurückweisung und Kritik durch Nahestehende haben muss, darf kreativer sein, kann sich etwas ganz Neues zutrauen. Einsamkeit schenkt uns also auch eine Art Schutzmantel der Anonymität, einen Raum, in dem wir uns neu erfinden oder erfahren können.

Ein argentinischer Freund erzählte mir einmal, wie er nach dem Studium aus seinem kleinen Heimatort in Südamerika nach New York gezogen ist. Zuerst war er geschockt von der Anonymität, denn in seiner Heimat kannte ihn jeder, er hatte sich dort aufgehoben und beschützt gefühlt. Doch innerhalb kürzester Zeit merkte er, wie er sich innerlich frei fühlte, seinem ganz eigenen Weg zu folgen. Einsamkeit kann also auch Wachstumschancen und Entfaltungsmöglichkeiten mit sich bringen.

Als kreatives Sprungbrett sehen wir die Einsamkeit jedoch meistens nicht. Ganz im Gegenteil: In Umfragen wurde festgestellt, dass jeder Vierte heutzutage Angst vor Einsamkeit hat. Besonders Alte, Arbeitslose und Singles sind davon betroffen.

Im Kloster gibt es keine Arbeitslosen, Ihr seid alle alleinstehend, und Senioren werden nicht beiseite geschoben, wenn ihre Arbeitskraft nachlässt. Außerdem trefft Ihr Euch zum Gebet, zur Arbeit und zu den Mahlzeiten, lebt also ein regelmäßiges Miteinander.

Ist Einsamkeit im Kloster also vielleicht eine ganz andere, rein spirituelle Erfahrung im Gegensatz zu dem praktischen Alleinsein, unter dem viele Menschen heute leiden? Welchen Rat gibst Du Menschen, die ihre Einsamkeit als Last erleben?

Einsamkeit gehört für mich wesentlich zu jedem Menschen. Nur wenn ich mich mit meiner Einsamkeit aussöhne, kann ich auch eine gute Beziehung leben. Wer die Beziehung braucht, um seiner – mit seinem Personsein wesentlich verbundenen – Einsamkeit zu entfliehen, der klammert sich an den Partner oder an die Freundin und zerstört so die Beziehung. Auch in jeder Ehe gibt es Einsamkeit.

Natürlich ist die Einsamkeit, die manche Alte, Arbeitslose und Singles erfahren, etwas anderes als die Einsamkeit, die wir im Kloster erleben. Die Philosophie spricht dann lieber von Vereinsamung. Viele Menschen sind in der Anonymität der Großstädte vereinsamt.

Wenn ich meine Einsamkeit annehme, dann kann sie durchaus zu einer Quelle der Kreativität werden. Aber es darf keine absolute Einsamkeit werden. Das würde ich dann eher mit Isolation bezeichnen. In der Einsamkeit bin ich eins mit mir. Oder wie das Wort „Alleinsein" ausdrückt: Wenn ich allein bin, kann ich auch all-eins, mit allem eins sein. Ich spüre auf dem Grund meiner Seele, dass ich eins bin mit allen Menschen, aber auch eins mit der ganzen Schöpfung und eins mit Gott.

Du fragst nach einem Rat für Menschen, die ihre Einsamkeit als Last erleben. Ich würde sagen: Setz Dich allein in Dein Zimmer und spüre Deine Einsamkeit. Betraure, dass Du jetzt allein bist. Aber geh durch die Trauer über Deine Einsamkeit hindurch in den Grund der Seele. Dort spürst Du auf dem Grund der Trauer so etwas wie Frieden. Und dort kannst Du erahnen, was es heißt: eins zu sein, eins zu sein mit Dir, einverstanden mit Deinem Alleinsein, eins zu sein mit allen Menschen und mit der ganzen Schöpfung und eins zu sein mit dem Grund allen Seins, mit Gott. Dein Alleinsein ist dann vielleicht immer noch mit Traurigkeit verbunden. Aber die Trauer führt Dich in Deine Tiefe. Und dort spürst Du einen tiefen inneren Frieden, weil Du letztlich nicht allein bist, sondern eins mit allem, was ist.

Wenn ich mir dieses Gefühl des Eins-Seins vorstelle, den Raum des inneren Friedens und der inneren Ruhe und Tiefe, dann fällt mir auf, dass mir dieses Gefühl auch aus der Zweisamkeit meiner Partnerschaft bekannt vorkommt: wenn mein Tag nicht besonders gut gelaufen ist, wenn ich mich müde und vielleicht sogar etwas bissig dem Abend entgegensehne, und mir mein Mann dann einfach so die Hand hält. Wenn er weiß, was ich in diesem Moment gerade brauche, wenn er mich zum Lachen bringt oder mich trotz meiner nervigen Laune in den Arm nimmt, dann merke ich, wie (fast) alle negativen Gefühle abfallen, wie ich mich plötzlich wieder besser leiden kann, wie wieder eine innere Ruhe einkehrt.

Wenn ich also trotz eindeutiger Schwächen Liebe und Akzeptanz erfahre, komme ich dazu, Frieden mit mir selbst zu schließen. Natürlich geht es im Endeffekt darum, dieses Gefühlswunder selbst zu vollbringen und nicht auf emotionale Unterstützung anderer angewiesen zu sein: Wir müssen uns selbst akzeptieren lernen, um zu unserem persönlichen Ort der inneren Stille und des Friedens zu gelangen – denn wie Du richtig sagst, gibt es auch in der Ehe Gefühle der Einsamkeit. Es gibt Zeiten, da kann man gar nicht nachvollziehen, warum man einen solchen Sturkopf heiraten konnte, der zum Thema XY eine grundlegend andere Meinung vertritt als man selbst und einen auch sonst überhaupt nicht so unterstützt, wie man es sich von seinem Traumpartner doch eigentlich erhofft hatte. In solchen Momenten fühlt man dann auch in der Partnerschaft keine traute Zweisamkeit. Dann fühlen wir uns – ähnlich wie ein Mönch – als Alleinstreiter.

Geht es also sowohl dem Mönch als auch dem Liebenden eigentlich um ein und genau dasselbe: durch Akzeptanz unserer Schattenseiten – ob in Ein- oder Zweisamkeit – zum Frieden mit uns selbst zu gelangen?

Du hast recht: Es geht dem ehelosen Mönch und den Verheirateten um die gleiche Erfahrung: bedingungslose Akzeptanz seiner selbst. Und das bedeutet eben auch: Annehmen meiner Schattenseiten. Das klingt sehr einfach. Es bedeutet jedoch einen schmerzlichen Abschied von dem Idealbild, das wir alle von uns haben. Wir möchten ja immer ausgeglichen sein und nicht nervig, wie Du schreibst. Aber dann sind wir eben doch unzufrieden und empfindlich. Dann gilt es, zu betrauern, dass ich so bin, wie ich bin. Betrauern ist der Schmerz darüber, dass ich nicht so ideal bin, wie ich sein möchte. Aber das Betrauern führt in den inneren Raum der Stille, in den Seelengrund. Margarete Mitscherlich meint: Ohne Betrauern unserer eigenen Durchschnittlichkeit erstarren wir innerlich. Der Weg in den inneren Frieden führt über den Schmerz des Abschiednehmens von seinen eigenen Idealbildern. Aber dann finden wir auf dem Grund der Seele wirklichen Frieden, Freiheit, Weite, Gelassenheit und auch Humor über uns und unsere Durchschnittlichkeit und Brüchigkeit.

Ich habe mich schon oft gefragt, wie man denn im Kloster lernt, wer man eigentlich ist. Selbstfindung hat ja auch mit Ausprobieren zu tun, und gerade das stelle ich mir im Klosteralltag schwierig vor. Interessanterweise umgeben wir uns ja häufig mit Menschen, die entweder an einem ähnlichen Punkt auf dem Weg ihrer Selbstfindung stehen oder die etwas in unserem Seelenleben ansprechen und damit ein kleines Mosaiksteinchen zu unserem Selbstfindungs-Gesamtkunstwerk beisteuern.

Dazu habe ich aus Neugier bei Familie und Freunden einmal nachgefragt, mit welchem Typ Mensch sie sich am meisten identifizieren und warum.

Mein Bruder ist, wie Du weißt, passionierter Radfahrer. Aber nicht geradeaus, sondern ausschließlich bergab, und zwar steil, mit Sprüngen und allem Drum und Dran. Und das alles mit einer so hohen Geschwindigkeit, dass er außer einem soliden Fahrrad auch noch eine bombensichere Krankenversicherung braucht. Er hat auch einen richtigen, ordentlichen, Beruf, dabei Karriere gemacht – aber identifizieren tut er sich hauptsächlich mit seinen Rad-Freunden. Wieso?, fragte ich ihn. „Weil wir alle beim Radfahren die gleiche Seele haben", antwortet er mir. Wie er sich und seine Freunde beschreiben würde? Als Naturburschen, die spielerisch an ihre Grenzen gehen wollen, meint er, und manchmal auch leider darüber hinaus. Sein Gips-Bein konntest Du ja bei Deinem letzten Besuch bei meiner Mutter in natura bewundern. Ob er sein Leben lang diese Risikosportart mit ähnlichem Elan betreiben wird wie jetzt, steht offen, aber momentan scheinen diese Sportart und die dazugehörigen Menschen seine Seele anzusprechen.

Ich habe selbst auch schon mehrere Rollen in meinem Leben ausgetestet und bin mit vielen grundverschiedenen Menschengruppen zusammengekommen. Jede Gruppe, der ich mich in unterschiedlichen Lebensphasen zugehörig fühlte, sagte dann etwas über mich selbst aus. Ich meine jetzt nicht die offensichtlichen Gleichheiten (eine Häkelgruppe häkelt gerne), sondern die Ähnlichkeiten der Seele.

Wie Du schon weißt, laufe ich zum Beispiel leidenschaftlich gerne. Zuerst habe ich beim Laufen einfach eine Zeit zum Alleinsein gesucht und empfand diese Sportart als einen angenehmen Kontrast zu meinem lebendigen Kinderalltag. Außerdem konnte ich mir ein Ziel setzen und es auch erreichen, was mir in meinem Alltag und mit meinen „Haushalts-Zielen" nicht wirklich gelang.

Die Menschen, die ich durchs Laufen kennengelernt habe, lieben nicht nur den Sport und die Bewegung an der frischen Luft. Alle scheinen einerseits sehr ehrgeizig und zäh zu sein, aber andererseits leider wohl auch manchmal zu hart mit sich selbst. Mein Sportarzt ist mit mir mittlerweile per Du.

Ein Langstreckenläufer wie ich sucht nicht nach dem schnellen Adrenalin-Kick wie mein Bruder, der Downhill-Radler, sondern nach einem langen und hart erarbeiteten Erfolgsgefühl. Ich wünschte, ich wäre mit dem schnellen Glücks-Hoch auch zufrieden, aber dafür bin ich nicht risikofreudig genug. Mir wird ja schon bei einer Achterbahnfahrt furchtbar schlecht.

Im Kontrast dazu, hat mich eine Freundin vor einigen Jahren zu einer Yoga-Stunde mitgenommen, und ich habe dort einen ganz anderen Menschenschlag kennengelernt: Leute, die nicht bewerten, die den Kontakt nach innen suchen und durch komplizierteste Verrenkungen und Balance-Übungen versuchen, sich selbst und ihren Geist beweglich zu halten, offen zu bleiben für neue Erkenntnisse und mit sich selbst „in Balance" zu kommen. Laufen und Yoga sind beide auch recht simpel – diese Schlichtheit ist mir auch im Leben und bei Menschen sehr sympathisch.

Ob man sich zu den jeweiligen Menschengruppen, Rollen oder Tätigkeiten hingezogen fühlt, weil man im Wesenskern schon so ist, oder weil man erst so werden will, weiß ich nicht genau. Im Kontakt mit anderen und in verschiedenen Umgebungen ertastet man sich aber auf jeden Fall selbst.

Wir können unterschiedliche Rollen „anprobieren" und wieder ablegen, wenn wir uns darin nicht wohl fühlen oder wir seelisch bereits weitergezogen sind. Erst durch dieses Ausprobieren, meine ich, kann unser eigenes Selbstbild wirklich eine authentische Form annehmen.

Welche Menschen und Erfahrungen haben Dir gezeigt, wer Du bist, und was macht Dich als Mensch aus? Wie siehst Du Dich selbst im Vergleich zu dem Bild, das andere von Dir haben? Wie hat sich Dein Bild von Dir im Laufe der Jahre verändert?

Hast Du das Gefühl, im Kloster verschiedene Rollen ausprobieren zu können, um Dich in Deiner Person besser kennenzulernen, oder ist das vielleicht gar nicht notwendig?

Du fragst nach den Menschen, die mich gelehrt haben, wer ich bin. Da ist zuerst mein Vater, der immer eine große spirituelle Sehnsucht hatte, gern in der Natur war und uns die Schönheit der Natur erklärt hat. An ihm habe ich meine spirituelle Sehnsucht entdeckt, mich ergreifen lassen von etwas Numinosem, vom Geheimnis der Natur und vom Geheimnis Gottes. Dann war es unser P. Otto als Musiklehrer, der mir das Cellospielen und das Singen beigebracht hat. Ich habe es zwar in beiden nicht weit gebracht, aber die Faszination für die Musik, die spüre ich in meiner Seele. Und die hat er geweckt. Im Kloster waren es dann Mitbrüder, die mit mir den Weg der Meditation gegangen sind und sich gemeinsam mit mir gemüht haben, Jungsche Psychologie mit den Erfahrungen der Wüstenväter aus dem 4. Jahrhundert zu verbinden. Und dann war es Henry Nouwen, der holländische Theologe und Psychologe, der ja lange in den USA gelehrt hat. Er hat mir Mut gemacht, die eigenen Gefühle, die eigene Bedürftigkeit und die eigene Brüchigkeit zuzulassen.

Manche, die meine Bücher lesen oder meine Vorträge hören, betrachten mich als spirituellen Meister. Das sehe ich absolut nicht. Ich sehe mich als suchenden Menschen, der nicht stehen bleibt, der selbst immer weitersucht. Ich *habe* nicht die Weisheit, sondern suche nach ihr. Ich besitze auch Gott nicht, sondern suche nach ihm. Benedikt versteht den Mönch ja als einen, der sein Leben lang Gott sucht. Als so einen Gottsucher verstehe ich mich. Und das Schreiben und Sprechen ist ein ständiges Suchen nach dem Schlüssel, um Worte zu finden, die über Gott und den Menschen angemessen sprechen.

Im Kloster habe ich verschiedene Rollen ausprobieren können. Und ich lebe auch jetzt noch verschiedene Rollen. Ich bin ja seit 36 Jahren Cellerar, gehe mit Geld um und lege es an. Und ich organisiere einen Betrieb mit insgesamt 300 Mitarbeitern und Mitarbeiterinnen. Das macht mir auch Spaß. Dann habe ich meine meditative Seite. Ich setze mich gerne in die Stille und meditiere. Ich liebe die Stille und Einsamkeit meiner Klosterzelle. Und dann habe ich auch eine kreative Seite, die vor allem im Schreiben zum Ausdruck kommt. Und ich habe eine missionarische Seite. Ich will zwar andere nicht missionieren in dem Sinne, dass sie genau das glauben müssen, was ich glaube. Aber ich habe schon den missionarischen Drang, den suchenden Menschen zu zeigen, dass die Botschaft des Christentums, die Rituale und die asketische Praxis der christlichen Tradition heilsam für den Menschen sind. Meine missionarische

Sendung besteht darin, eine Sprache zu finden, die die Menschen in ihrem Herzen berührt und ihre tiefste Sehnsucht anspricht. Es hält mich lebendig, die verschiedenen Rollen zu spielen. Ausschließlich Cellerar zu sein wäre für mich gefährlich. Dann ginge ich nur im Wirtschaften auf. Und nur „geistlicher Schriftsteller" zu sein birgt die Gefahr in sich, dass man abhebt. Das Miteinander der Rollen hält mich lebendig und Dich offensichtlich auch.

Wie hast Du Dich eigentlich zum Schriftsteller entwickelt? Welche Botschaft lag Dir damals am Herzen, dass Du sie mit der Welt teilen wolltest?

Ich habe mich als Jugendlicher nie zum Schriftsteller berufen gefühlt. Meine Schriftstellerei hat zwei Wurzeln. Zum einen versuchte ich, die alten Schriften der Wüstenväter mit der Brille heutiger Psychologie zu studieren und ihre Erfahrungen in einer Sprache auszudrücken, die die Menschen von heute verstehen. Daraus ist dann mein ständiger Versuch – bis heute – entstanden, den Reichtum der christlichen Tradition den Menschen in einer Sprache zu erzählen, die sie berührt und die sie mit der Weisheit ihrer eigenen Seele in Berührung bringt. Die andere Quelle war meine Erfahrung in den Jugendkursen. Nach jedem Jugendkurs habe ich den Teilnehmern einen Brief geschrieben, in dem ich die wichtigsten Erfahrungen des Kurses nochmals festhielt. Und da habe ich gemerkt, dass ich durch mein Schreiben Beziehung stiften kann. Im Schreiben spürte ich die Beziehung, die Nähe zu den Jugendlichen. Und die Jugendlichen spürten in meinem Brief die Atmosphäre von Vertrauen und

Geborgenheit, die sie bei dem Kurs erlebt hatten. Das ist die zweite Quelle: durch meine Worte Beziehung zu stiften und auf die Menschen einzugehen, denen ich in meinen Kursen und Vorträgen begegne.

Du stammst ja aus einer großen Familie, bist eines von sieben Kindern. Alle Deiner Geschwister haben recht „solide" Berufe gewählt, zumindest im ersten Karriereanlauf. Da fällst Du als Mönch und Schriftsteller ziemlich aus dem Raster. Hattest Du als Kind auch schon das Gefühl, anders als Deine Geschwister zu sein? Wenn ja, half Dir dieses Gefühl vielleicht, ins Kloster zu gehen, um Dich Deinem individuellen Weg ganz und gar zu widmen? Ist Individualismus also zwar einerseits mit Einsamkeit oder Heraustreten aus dem uns Bekannten verbunden, aber auch mit Freiheit, nicht in ein vorgegebenes Raster passen zu müssen?

Als Kind habe ich mich nicht anders gefühlt als die Geschwister. Ich habe mich mit ihnen immer gut verstanden. Und ich habe mich ihnen immer zugehörig gefühlt. Mit zehn Jahren habe ich mich vielleicht intensiver auf die Erstkommunion eingelassen als die andern. Und ich habe mich immer als den erlebt, der neue Ideen hatte. Aber das hat mich nicht außerhalb der Gemeinschaft der Geschwister gestellt. Jeder hatte da seine Rolle. Da waren die beiden älteren Geschwister: Marie-Luise als die älteste Schwester, zu der wir aufgeschaut haben, weil sie auch den Drang zur Freiheit hatte. Als ich zehn Jahre alt war, ist sie für ein Jahr nach Frankreich gegangen. Das war für uns schon mutig. Und dann kam Peter, der schon im Geschäft meines Vaters gearbeitet hat. Wir drei Jungen – Konrad, Michael und ich – waren vom Alter nahe zusammen, sodass wir viel gemeinsam unternommen haben. Und die beiden jüngsten Schwestern – Giselinde und Elisabeth hatten sicher manchmal unter uns Jungen zu leiden. Aber insgesamt haben wir uns einfach als Gemeinschaft gefühlt. Dennoch habe ich bei aller Gemeinschaft immer meine eigenen Pläne gehabt. Als ich mich vor dem Abitur für das Kloster entschied, habe ich das nicht mit meinen Geschwistern besprochen, sondern für mich allein ausgemacht. Bei aller Gemeinschaft hatte ich doch immer auch das Gefühl, meinen persönlichen Weg zu gehen. Dieses Gefühl habe ich auch heute im Kloster. Ich gehöre ganz zur Gemeinschaft und gehe doch meinen ganz persönlichen Weg.

Du stichst aber nicht nur wegen deiner „Berufswahl" aus dem Familienbild heraus, sondern auch, weil Du damit zusätzlich noch so erfolgreich geworden bist. Im Bezug auf Geld sagt man ja, dass Reichtum alle vorhandenen Verhältnisse und Eigenschaften des Menschen nur verstärkt. Da Du Dein verdientes Geld nicht behältst, sondern dem Kloster gibst, stellt sich diese Frage hier nicht, aber inwieweit beeinflusst vielleicht dennoch der eigene Erfolg die Beziehung zu anderen Menschen? Welchen Einfluss hatte Dein Erfolg Deiner Meinung nach auf Deine Geschwisterbeziehungen?

Ich hoffe, dass mir mein Erfolg nicht in den Kopf gestiegen ist. Und ich hatte nie den Eindruck, dass mein Erfolg mich von den Geschwistern abhebt. Wenn ich daheim bin, wenn ich im Urlaub mit meinen Geschwistern wandere, dann bin ich einer von ihnen. Ich weiß, dass meine Geschwister stolz sind auf meinen Erfolg. Sie haben daran teil. Manchmal tut es ihnen auch gut, wenn sie sich als meine Schwester oder als mein Bruder outen. Dann fällt etwas von meinem Erfolg auch auf sie.

Jedenfalls fühle ich mich im Urlaub einfach zugehörig. Der Erfolg lässt sich bei mir nicht mit Geld messen, sondern eher in den verkauften Büchern und im Bekanntsein. Das ist aber nicht immer nur angenehm. Ich möchte nicht in die Rolle des Erfolgreichen gesteckt werden. Ich möchte ich selbst sein. Und deshalb hat mein Erfolg auch keine Auswirkungen auf die Beziehung zu meinen Geschwistern. Wir fühlen uns zugehörig. Sie kommen gerne zu meinen Festen und ich zu ihren Festen.

LEBEN IN FÜLLE

Ich will noch einmal kurz zu Deinem Eintritt ins Kloster zurückkommen. Ich habe viele Interviews mit Mönchen und Ordensschwestern gelesen und war überrascht: Fast alle berichteten, dass sie ursprünglich nicht unbedingt über ein Leben im Orden nachgedacht hatten, aber bei einem Besuch im Kloster ein starkes Gefühl von Heimkommen gespürt hätten. Hattest Du dieses Gefühl auch? Sind es die alten Traditionen, die im Kloster fortgeführt werden, oder ist es vielleicht die meditative Stille, die für manche eine tiefe Geborgenheit ausstrahlt?

Ich habe damals beim Besuch im Kloster nicht sofort ein Gefühl von Heimkommen gehabt. Im Gegenteil, mit zehn Jahren kam ich ja ins Internat, das schon etwas klösterlich war. Und da hatte ich erst einmal Heimweh.

Noch vor dem Abitur habe ich mich dann entschlossen, ins Kloster einzutreten. Der Entschluss, ins Kloster zu gehen, war damals geprägt vom Ehrgeiz, etwas für die Kirche und für die Menschen leisten zu können, die Botschaft Jesu auf andere Weise verkünden und in die weite Welt hinaus tragen zu können. Die Entscheidung für den Eintritt habe ich nicht getroffen, weil mich das geregelte Leben angezogen hat. Das habe ich eher in Zweifel gezogen, ob es mich nicht zu sehr einengt. Erst nach einigen Jahren, als ich mit meinen Gefühlen in Berührung kam und dadurch sehr verunsichert wurde, habe ich dann andere Gründe für meine Motivation gefunden, im Kloster zu bleiben. Vor allem war und ist es das Gefühl, dass mich das Miteinander von Einsamkeit und Gemeinschaft, von Gebet und Arbeit, von Getragensein in der Gemeinschaft und Hinausgehen in die Welt lebendig hält und meinem Leben Fruchtbarkeit schenkt. Als junger Mensch habe ich weniger die Struktur gesucht als vielmehr das Neue und Radikale. Heute gibt es junge Männer, die bei uns anklopfen, weil sie sich nach einer klaren Struktur sehnen und darauf vertrauen, dass sie in einer religiösen Gemeinschaft ihren spirituellen Weg achtsamer und konsequenter gehen können.

Ich kann mir gut vorstellen, dass es Menschen gibt, die sich im Zeitalter der unendlichen Wahlmöglichkeiten zerrissen und orientierungslos fühlen und hoffen, im Kloster ein strukturierteres, ruhigeres und auf das Wesentliche reduzierte Leben führen zu können. Wenn im Alltag jeder in unserem Umfeld ein

Stück von unserer Energie haben will, sind wir am Ende oft ausgelaugt und haben das Gefühl, den Kontakt zu uns selbst verloren zu haben. Dann bleibt auch für die Spiritualität nicht mehr viel Raum. Unsere Welt ist schnelllebig und zunehmend anonym geworden, und manche haben es einfach schwer, Kontakt zu knüpfen. Für sie kann der Gedanke, bis zum Tod in eine sorgende Gemeinschaft eingebettet zu sein, sicherlich auch Trost schenken.

Ins Kloster einzutreten, ist so etwas wie Aussteigen – ein radikaler Lebenswandel.

Ein ehemaliger Wirtschaftsanwalt erzählte in einem Interview, dass er trotz Reichtum und steiler Karriere todunglücklich war und sich leer fühlte. Er meinte, er sei an seinem Lebensziel regelrecht vorbeigeschossen und wollte einen Neuanfang im Benediktinerkloster probieren – ohne Geld, ohne Ansehen und mit einer festen Struktur, der er sich unterordnen lernen musste.

Fünf Mal am Tag wird im Kloster zusammen gebetet, angefangen mit der Morgenhore um fünf Minuten nach fünf. Der Tag endet offiziell mit dem Komplet, dem Abendgebet um 19:35 Uhr, dazwischen gibt es drei Mahlzeiten und Zeiten der Arbeit, die den Mönchen zugeteilt wird. Es bleibt auch Zeit für persönliche Gebete, zum Lesen oder für die Meditation. Um 5:05 Uhr bei der Morgenhore zu sein, bedeutet sogar für Schnell-Anzieher, dass sie spätestens um Viertel vor fünf aufstehen müssen.

Auch wenn ich selbst gerne in einem stabilen Tagesrhythmus lebe, käme mir dieses starr wirkende Gerüst zwischen Beten und Arbeiten doch etwas eintönig und einengend vor. Umso überraschter war ich, als ein Mönch in einem Gespräch sagte, dass er in der Kloster-Gemeinschaft ein Leben der Fülle leben möchte und ihm diese klare Struktur dafür im Endeffekt mehr freie Zeit schenkt. Letzteres leuchtet mir wiederum ein – wenn ein Mönch für alle kocht, der andere für alle die Wäsche organisiert, ein weiterer für den Garten zuständig ist, dann hat durch diese Art der Arbeitsteilung jeder einzelne noch Zeit, sich der Meditation oder dem Studium zu widmen.

Aber ein *Leben in Fülle* stelle ich mir ehrlich gesagt anders vor. *Fülle* bedeutet für mich zum Beispiel, an einem Frühlingstag spontan neue Blumen im Garten einzupflanzen und mit meinen Kindern ein Picknick zu veranstalten. *Fülle* heißt für mich, sich mit Freunden bei einem guten Essen zusammenzusetzen, zu lachen, nicht auf die Uhr zu schauen, sondern den Tag einfach so ausklingen zu lassen. *Fülle* heißt für mich, in einen kühlen See zu springen und mich danach wie neugeboren zu fühlen. *Fülle* steht in meinen Augen für das Gefühl, dass ich mich selbst auffülle mit etwas, das mir gerade guttut – nicht unbedingt mit regelmäßiger Arbeit, sondern mit Dingen, die meine Seele nähren und meine Sinne anregen. Was mich erfüllt, ist bei mir zumindest nicht jeden Tag dasselbe und kann auch von Jahr zu Jahr komplett unterschiedlich aussehen. Irgendetwas scheine ich also falsch zu verstehen.

Was bedeutet es für Dich in Deiner strukturierten und asketischen Lebensweise, „Fülle zu leben"? Wie können Menschen, deren Leben sich zeitweise nicht *voll* anfühlt, ihrer Seele regelmäßig etwas Gutes tun, damit sie auch das Gefühl der Fülle genießen können?

Ja, das Kloster ist sicher eine Art Aussteigen aus dem üblichen Lebensrummel. So haben es auch im 4. Jahrhundert die Einsiedler in der ägyptischen Wüste verstanden. Sie wollten eine Alternative aufzeigen zu einem Leben, das damals sehr eng von der eigenen Sippe bestimmt wurde. Also war der Ausstieg des Mönchs ein Akt der Freiheit. Das Paradoxe ist ja, dass dieser Akt der Freiheit nicht dazu führt, alles nach meinem eigenen Belieben zu gestalten. Ich füge mich ein in eine bestimmte Ordnung. Aber gerade in dieser Ordnung mache ich mich frei vom ständigen Fragen: Was sind jetzt meine Bedürfnisse? Was täte mir jetzt gut? Was sollte ich am besten machen? Worauf habe ich jetzt Lust? Die Ordnung hat verschiedene Wirkungen. Zum einen bringt sie mich selbst in Ordnung. Meine Gedanken und Gefühle sind ja manchmal auch chaotisch. Da kann die äußere Ordnung mich innerlich in Ordnung bringen. Zum andern befreit eine solche Ordnung zum Wesentlichen. Es kommt ja nicht darauf an, mal dies oder jenes zu machen, worauf ich gerade Lust habe, sondern darauf, ganz im Augenblick zu leben. Wenn ich jetzt ganz in diesem Augenblick bin, dann bin ich wahrhaft frei. Dann erfahre ich Leben in Fülle.

Natürlich spüre ich – wenn ich am Sonntagnachmittag in meiner Klosterzelle bin – auch in mich hinein, was mir jetzt guttäte. Da weiß ich: Ich habe jetzt gut drei Stunden für mich. Dann freue ich mich darauf, zu lesen. Wenn ich müde werde, lege ich mich aufs Bett und höre mit dem Kopfhörer gute Musik. Und wenn mir Gedanken kommen, dann nütze ich die Zeit zum Schreiben. Ich genieße sowohl die Zeit zum Schreiben, weil sie eine Zeit der Kreativität ist, als auch die Zeit zu lesen und die Zeit, einfach da zu sitzen und in mich hineinzuspüren: Was regt sich jetzt in mir? Was ist das, was mich in der Tiefe bewegt? Und ich genieße die Zeit: Ich muss jetzt gar nichts tun, weder jemanden anrufen, noch etwas Bestimmtes arbeiten. Die Zeit gehört allein mir und natürlich Gott, vor dem ich immer bin.

Ich genieße natürlich auch den Urlaub, in dem ich mal ganz anders lebe als das Jahr über. In dieser Zeit genieße ich das Wandern in der Natur und auch die abendlichen Mahlzeiten, bei denen wir uns im Kreis der Geschwister viel zu erzählen haben.

Während des Jahres lebe ich auch in der Spannung zwischen der klaren Ordnung des Klosterlebens und der Durchbrechung dieser Ordnung durch Vorträge und Kurse, die ich halte. Wenn ich zu einem Vortrag fahre, ist das manchmal mühsam, vor allem wenn das starke Verkehrsaufkommen nicht voraussehbar war und irgendwelche Staus mich aufhalten. Aber ich nehme die Zeit des Fahrens auch als meine Zeit. Ich höre unterwegs Bachkantaten und andere geistliche oder auch weltliche Musik. So genieße ich die Zeit, die mir gehört. Ich habe zwar das Handy dabei, damit ich anrufen kann, wenn ich zu spät kommen sollte. Aber ich habe es immer ausgeschaltet, sodass ich selbst nicht erreichbar bin.

Aber natürlich tun sich Menschen manchmal auch schwer, den Tag irgendwie positiv zu gestalten oder gar ein Gefühl der Fülle zu haben. Es ist wichtig, sich eventuellen Schicksalsschlägen zu stellen, zu betrauern, dass mein Lebensplan durchbrochen wurde, dass mein Lebenstraum zerbrochen ist. Ich kann das Trauern und Betrauern nicht überspringen. Aber – so sagt die Psychologie – das Betrauern führt durch den Schmerz des Verlustes hindurch in den inneren Raum der Stille auf dem Grund meiner Seele. Und dort, in diesem inneren Raum der Stille, in dem Gott als das Geheimnis in mir wohnt, kann ich bei mir selbst daheim sein. Dort erfahre ich mitten im Leid einen Ort der Geborgenheit, des Schutzes. Zu diesem Ort der Stille haben die Schmerzen über den Verlust keinen Zutritt. Ich setze mich nicht unter Druck, mich ständig gut fühlen zu müssen. Es darf auch Trauer und Einsamkeitsgefühl in mir hochkommen. Aber ich laufe nicht davon, sondern gehe durch die

Gefühle hindurch in den Grund meiner Seele, in dem ich eine tiefe innere Ruhe genießen kann.

Meinst Du also, dass wir heutzutage zu sehr damit beschäftigt sind, unser Leben mit materiellen Dingen zu bereichern, um auch ja in Fülle zu leben und keine Chancen zu verpassen, und so vor unserem wahren *Ich* in aller Hast weglaufen? Führt unsere ständige Suche nach guten Erlebnissen also vielleicht am Ziel vorbei, weil wir uns eigentlich nur vom einen kurzlebigen Gefühlshoch zum nächsten hangeln?

Ja, ich denke schon, dass wir heute zu sehr damit beschäftigt sind, keine Chance zu verpassen und ständig gute Gefühle haben zu wollen. Dahinter steckt oft die Angst, zu kurz zu kommen. Diese Angst stammt aus der Kindheit. Dort hatten wir oft das Gefühl, nicht genügend Zuwendung zu bekommen. Und das übertragen wir dann als Erwachsene auf die vielen Chancen, die uns offen stehen. Aber wer alle Chancen ergreifen möchte, wird letztlich an allen vorbeigreifen. Er wird keine Chance wirklich nutzen. Wir kreisen auch oftmals zu stark um unsere Gefühle. Wir wollen uns immer gut fühlen. Doch zum Leben gehört beides: Freude und Trauer, Hochgefühl und Niedergeschlagenheit. Nur wenn wir beides zulassen, werden wir gelassen und innerlich froh und frei leben.

In unserer Suche nach Lebens-Fülle fragen wir uns ja manchmal, wie ein perfekter Tag aussehen würde. An solch einem Tag, meinen wir, müssten wir doch vor lauter Glücksgefühlen nur so platzen.

Mein Glückstag würde mit einem Lauf durch die Morgendämmerung beginnen, mit einem liebevoll gedeckten Frühstückstisch und glückseligen Kindern fortgesetzt und mit einem köstlichen Abendessen beim Lieblings-Japaner abgerundet! Ein inspirierendes Gespräch, sonniges Wetter, harmonische Kinder, die sich freiwillig ins Bett fallen lassen, ohne noch zehn Mal wieder aufzustehen, und ein schöner Film vor dem Einschlafen würden mein Glücks-Bingo komplett machen. Selbst wenn in meinem wirklichen Leben nicht alles so aalglatt läuft, spüre ich, wie sich auch an unvollständigen Glückstagen meine Seele auftankt und ich mit einem Lächeln im Gesicht einschlafe.

Wie sieht Dein perfekter Tag im Rahmen des Klosterlebens aus, in dem Du nicht einfach vom liebevoll gedeckten Frühstückstisch zum Lieblings-Japaner sausen kannst, um Dein Glücksniveau hochzuhalten? Ist diese klare Struktur Deines Alltages, in dem Deine individuelle Wunschliste eingeschränkt ist, womöglich sogar der Weg, wirklich innerlich frei zu werden? Wie schwer ist es, die eigenen Wünsche und Bedürfnisse einer solchen Gemeinschaft unterzuordnen? Was passiert dann mit dem Ich-Gefühl, mit der Sehnsucht des jungen Willi, der als Kind auch nach Bedeutung suchte?

Mein perfekter Tag ist nicht davon abhängig, was ich erlebe, sondern wie ich lebe. Ich bin am Abend dankbar für den Tag und lege ihn immer mit einer Gebärde der offenen Hände in Gottes Hand hinein. Es sind für mich vor allem zwei Erfahrungen, die in mir das Gefühl der Dankbarkeit auslösen. Das eine ist die Erfahrung, dass ich ganz präsent war an diesem Tag, dass ich mich einfach auf die Zeit eingelassen habe und in jedem Augenblick ganz bei mir und ganz bei Gott war. Dann muss gar nichts Besonderes geschehen sein. Das andere sind die Begegnungen, die Gespräche und Vorträge. Wenn ich einem anderen im Gespräch wirklich helfen konnte, wenn er zuversichtlicher und hoffnungsvoller vom Gespräch mit mir aufgestanden ist, dann bin ich dankbar, dass von diesem Gespräch Segen ausgegangen ist. Und wenn ich nach einem Vortrag heimfahre und das Gefühl habe, dass die Menschen berührt waren, dann erfüllt mich die ganze Fahrt nach Hause Dankbarkeit. Ich weiß, dass es nicht mein Verdienst ist, wenn Menschen im Gespräch Hilfe erfahren oder wenn sie im Vortrag berührt werden. Es ist immer ein Geschenk, wenn mir die Worte kommen, die das Herz eines anderen erreichen. Ich kann es nicht aus mir selbst machen. Und diese Erfahrung ist dann für mich zugleich eine Herausforderung, mich nicht darauf auszuruhen, nicht zu meinen, ich würde immer die richtigen Worte finden. Vielmehr ist es für mich ein Auftrag, immer weiter zu suchen, mich ehrlich zu fragen: Was trägt mich? Was nährt mich? Welche Worte helfen mir? Und dann spüre ich mich beim Heimfahren in die Menschen hinein: Was bewegt sie? Worunter leiden sie? Wonach sehnen sie sich? Ich versuche ihnen nicht von oben her eine Antwort zu geben, sondern aus einem inneren Mitgefühl mit ihnen und ihrer Situation heraus.

Natürlich habe ich nicht immer die gleiche Lust, ins Chorgebet zu gehen. Aber wenn nicht irgendetwas Äußeres mich daran hindert, teilzunehmen, ist es für mich keine Frage von Lust oder Unlust. Ich gehe einfach hin. Und ich spüre anschließend, dass es mir guttut. Denn es bringt meine Gefühle wieder in Ordnung. Ich halte mich dann mit meiner Leere, mit meiner Unlust, mit meiner Gottesferne Gott hin. Und das hält mich wach und lebendig, das verwandelt auch meine Gefühle.

Im klösterlichen Alltag geht es nicht um Bedeutung, sondern um Stimmigkeit. Das Paradox ist, dass meine Sehnsucht, etwas zu leisten und auch dafür gesehen zu werden – die ich als Jugendlicher einfach sehr stark hatte – im Kloster erfüllt worden ist. Ich habe es nicht angestrebt, gesehen zu werden. Aber durch meine Bücher und Vorträge werde ich gesehen und wahrgenommen. Das erfüllt mich mit Dankbarkeit. Aber ich weiß, dass es auch eine Falle sein kann. Ich darf mich nicht von meiner Bedeutsamkeit her definieren, sondern von meiner inneren Stimmigkeit her.

Auch in meinem Leben geht es im Endeffekt nicht darum, was genau ich an einem „perfekten" Tag erlebe, sondern darum, was ich dabei empfinde. Es geht um emotionale Harmonie – ob ich mit mir und meiner Umwelt im Einklang bin. Als Elternteil muss man von Natur aus viel an Liebe, Zeit und Energie geben – und Geben kann auf Dauer nur funktionieren, wenn man lernt, seine inneren Reserve-Tanks regelmäßig wieder zu füllen. Leider kann ich mich im Familienalltag nicht auf eine tägliche Zeit des Rückzugs und des Auftankens verlassen, so wie Du es von Deinen ruhigen Stunden in Deiner Zelle erzählst. Deshalb ist es für mich wichtig, zu wissen, welche Dinge mich im Alltag wieder zu einer Ausgeglichenheit führen, damit ich besser lieben und geben kann. Ein Morgenlauf gibt mir Ruhe und Zeit zum Nachdenken, ein gutes Frühstück danach ist reiner Genuss. Glückliche Kinder geben uns als Eltern das Gefühl, schon eine liebevolle

Grundlage für die nächste Generation zu schaffen. Und der Lieblingsjapaner – der ist dann nochmal Genuss, warum auch nicht? Jeder Mensch hat ja viele unterschiedliche Bedürfnisse, die immer wieder erfüllt werden müssen, ob es sich jetzt um Ruhephasen, Zeiten der Lebendigkeit oder des sinnlichen Genusses handelt.

In der Familie hängt mein eigenes Glück auch mit dem meines Mannes und meiner Kinder zusammen, oder andersrum – ihr Glück ist mit dem meinem verbunden. Es gibt Tage, an denen zum Beispiel eins meiner Kinder dank überproportionaler Hormonschwankungen schon wieder mit dem falschen Bein aufgestanden ist, das Frühstück in der morgendlichen Eile anbrennt, es in Strömen gießt und sich bei mir eine Erkältung anbahnt. Da muss ich schon viel Humor an den Tag legen, um dennoch am Abend ein positives Fazit ziehen zu können. Ja, es gab in der Zeit, als meine Kinder noch sehr klein waren, auch schon Tage, da dachte ich mir abends, dass der nächste Tag nur besser werden könne. In solchen Zeiten fehlt die Harmonie, da erledigt man stur seine Aufgaben. Man gerät außer Balance, ist genervt und wird so für andere unausstehlich.

Wenn ich aber in solchen Zeiten bei einem Kaffee mit einer Freundin über die Missgeschicke der letzten Woche lachen, oder bei einem Lauf durch die Natur meinen Gedanken in aller Ruhe nachgehen kann, dann gleicht das wohl dem Rückzug in Deinem Zimmer oder Deiner Zeit im Auto nach einem Vortrag.

So ungleich sind wir uns in diesem Punkt also eigentlich gar nicht: wie Du es aus Deinem Alltag beschreibst, gibt es auch in meinem viele Arbeiten, die ich täglich routinemäßig erledige und dabei gar nicht so viel darüber nachdenke, ob ich sie nun machen möchte oder nicht. Sie bringen Struktur in mein Alltagsleben und geben meinen verschiedenen Aktivitäten einen geregelten Rahmen. Der Alltag kann ja auch nicht nur aus „Highlights" bestehen.

Ein „perfekter" Tag läuft bei mir also auch nicht viel anders als bei Dir: Es geht um den Wunsch nach Harmonie und Balance, Zeiten, in denen ich eins bin mit mir. Wenn ich mich durch positive Erlebnisse, persönlichen Austausch oder einfach Zeiten des Rückzuges, die mir guttun, erfüllen lasse, dann kann ich aus dieser Fülle immer wieder schöpfen.

Zu einem „perfekten" Tag gehört für mich auch das Gefühl, etwas geschaffen zu haben, gebraucht zu werden oder im Leben anderer eine positive Bedeutung gehabt zu haben. Das Glücksgefühl, das ich in solchen Momenten spüre, kann ich nur dann genießen, wenn ich es ganz bewusst annehme. Genuss heißt ja, etwas mit allen Sinnen wahrnehmen. Dann bin ich auch ganz präsent im Hier und Jetzt.

Wäre mein Leben nicht wie derzeit in meiner Rolle als Mutter hauptsächlich vom Geben definiert, dann würde ich diese Zeiten des Auftankens wahrscheinlich auch nicht so bewusst genießen, sie würde mir weniger Spaß machen. Auftanken macht ja nur Sinn, wenn ich mit dem „vollen Tank an Glücksgefühlen" auch wieder Liebe mit anderen teilen kann. In diesem Punkt sind wir uns, glaube ich, sehr nahe.

Du hast recht: Es braucht einen guten Ausgleich von Nehmen und Geben. Wer nur nimmt, verschluckt sich. Und wer nur gibt, der verausgabt sich. Da ist sicher vieles in unserem Leben ähnlich, auch wenn wir nach außen hin ganz verschiedene Lebensentwürfe leben. Aber eines sehe ich etwas anders. Du schreibst, Auftanken würde gar keinen Spaß machen, wenn Du nicht wieder geben könntest. Das ist durchaus richtig. Es braucht das Miteinander von Nehmen und Geben. Aber die Mönche sprechen auch von einer

Kontemplation, die nicht verzweckt wird. Ich gehe also in die Stille nicht, um aufzutanken und dann wieder aus meinem Tank anderen etwas auszuteilen. Ich gehe vielmehr in die Stille, um mich von Gott ansprechen zu lassen. Die Kontemplation ist zweckfrei. Ich will Gott begegnen und in ihm still werden. Ich denke aber in der Stille nicht darüber nach, was ich anderen darüber erzählen könnte oder wie ich das, was ich empfangen habe, gleich weitergeben könnte. Denn dann würde ich Gott leicht verzwecken. Mich persönlich hält der Wechsel von Nehmen und Geben lebendig. Ich war zweimal auf dem Berg Athos. Dort hat mich das Leben in völliger Einsamkeit fasziniert. Aber ich spürte auch, dass ich selbst noch nicht so weit bin. Ich wäre in Gefahr, innerlich die Spannung zu verlieren, wenn ich nur in der Einsamkeit leben würde. Ich brauche beides. Aber es gibt auch die reine Form der Kontemplation. Und es gibt in mir eine Sehnsucht danach. Das Paradox der frühen Mönche war: Sie sind in die Wüste gezogen, um allein in der Stille Gott zu begegnen. Aber auf einmal begannen von überall Menschen zu kommen, um mit den Mönchen zu sprechen. Und sie haben sich ihnen nicht verweigert, auch wenn sie sich oft vor zu viel Außenkontakt geschützt haben.

Jeder ist hier sicher verschieden. Aber ich denke oft darüber nach: Wenn ich einmal so alt bin, dass ich keine Vorträge mehr halte und keine Bücher mehr schreibe, dann lebe ich einfach nur vor Gott, natürlich auch mit den Mitbrüdern. Und ich hoffe, dass dann meine Ausstrahlung etwas von der Erfahrung Gottes widerspiegelt.

Da stimme ich Dir zu: Auftanken muss nicht als Ziel haben, wieder geben zu können, sondern kann auch Mittel sein, um einfach nur ganz zu sich zu kommen. Trotzdem sehe ich hier im Miteinander mit anderen einen Kreislauf, denn wer sich ganz fühlt,

fühlt sich gut, und wer sich gut fühlt, der wird auch auf andere einen positiven Einfluss haben, ihnen also etwas mit-geben, sei es Inspiration oder ein Gefühl der Ruhe und des Friedens. So mag es ursprünglich vielleicht die Absicht des Auftankens gewesen sein, nur wieder zum eigenen Mittelpunkt zu finden, aber diese Ganzheit der Seele zieht andere dann un-absichtlich an, so wie Du es von den einsamen Mönchen in der Wüste erzählst.

Aber Du sprachst auch von dem Zusammenspiel zwischen Stimmigkeit und Bedeutsamkeit und Deinem Ehrgeiz als junger Mann, etwas leisten zu wollen und dadurch gesehen zu werden. Es hört sich so an, als ob man Ehrgeiz mit Vorsicht genießen sollte. Eigentlich ist Ehrgeiz an sich doch nicht verkehrt – da will man mit seiner inneren Kraft etwas schaffen. Worin siehst Du also den Stolperstein, an dem viele, wie Du sagst, sich plötzlich nicht mehr über die Stimmigkeit sondern ihre Bedeutsamkeit definieren?

Natürlich hat der Ehrgeiz etwas Positives. Das sahen schon die frühen Mönche so. Der Ehrgeiz treibt mich an, an mir selbst zu arbeiten, innerlich weiterzukommen und etwas für die Menschen zu leisten. Aber wenn ich mich bei allem, was ich tue, vom Ehrgeiz bestimmen lasse, dann werde ich verkrampft und hart. Es geht mir dann nur um den Erfolg und nicht mehr um die Begegnung mit Menschen. Der Ehrgeiz, mit dem ich ins Kloster eingetreten bin, ist durch die Krise, durch die ich gegangen bin, erst einmal zerbrochen. Natürlich ist er jetzt immer noch da, er ist ein Teil von mir. Und er ist durchaus eine Kraftquelle. Aber er bestimmt mich nicht mehr. Ich versuche, meinen Ehrgeiz in den Dienst der Menschen zu stellen und nicht mehr in den Dienst meines eigenen Erfolgs oder meiner Bedeutsamkeit.

STIMMIG LEBEN

Ich kann mich noch gut an den Beginn meines Wirtschaftsstudiums erinnern. Viele Studenten in meinem Bereich schienen diesen Studienzweig nicht aus Interesse am Fach, sondern aus anderen Gründen gewählt zu haben: der Betrieb des Vaters sollte übernommen, oder die Wünsche der Eltern nach einem „ordentlichen" Beruf erfüllt werden. Manchmal waren es noch nicht einmal die Erwartungen der anderen, sondern das eigene Bedürfnis, in eine Gesellschaftsschicht einzutreten, einen Rang einzunehmen, für den man ihrer Meinung nach Wirtschaft, Jura oder Medizin studieren musste. Hätte ich nicht zur damaligen Zeit schon meinen Mann gekannt, wäre ich mit Sicherheit auch auf die gleiche Leistungsschiene gekommen. Mein Mann hatte allerdings ganz andere Vorstellungen, und ich bin ihm im Nachhinein dankbar, weil er mir unbewusst die Augen geöffnet hat.

Auf die Idee meines Mannes hin hatte ich ein Semester ausgesetzt, um zusammen mit ihm ein halbes Jahr auf Hawaii eine Stress-Pause einzulegen. Eigentlich passte diese Studiums-Unterbrechung überhaupt nicht in mein Leistungsschema, aber die Hawaii-Pläne meines Mannes standen fest, und diese einmalige Möglichkeit wollte ich mir nicht nehmen lassen: Wir zelteten auf erloschenen Vulkankegeln, versuchten uns beim Surfen, schüttelten Papaya von den Bäumen und radelten um die Insel. Ich hatte einen Teilzeitstelle in einem Restaurant angenommen und arbeitete abends etwa vier Stunden lang – das reichte, um unsere schlichte Wohnung und einen einfachen Lebensstil zu finanzieren. Es war absolut herrlich, den 40-Stunden-Wochen an der Uni noch einmal für kurze Zeit den Rücken zu kehren, meine Uhr abzulegen, und einfach nur zu sein. Als ich zurück an die deutsche Universität kam, merkte ich, dass ich nicht mehr in die Gruppe passte. Meine Kommilitonen hatten sich verwandelt in eine homogene Masse aus teuren Halstüchern und schicken Hemden. Nicht das Interesse am Fach, sondern die Sehnsucht nach Anerkennung und dem Aufgenommen-Werden in eine bestimmte, gehobene Gesellschaftsschicht schienen der Hauptmotivator vieler Studenten zu sein.

Ich kann mich nicht ausnehmen: Obwohl ich von Natur aus eigentlich künstlerisch veranlagt bin, hatte ich als Abiturientin selbst nicht den Mut, mich ganz auf meine künstlerische Ader einzulassen, und habe mich deshalb für ein Wirtschaftsstudium entschieden. Erst als Mutter habe ich mich wieder meiner inneren Künstlerin zugewendet, denn ich musste ich lernen, dass die Anerkennung von innen kommen muss, nicht von außen. Das ist oftmals allerdings leichter gesagt als getan.

Unser Drang nach Bedeutung steht im Zusammenhang mit dem Verlust unserer inneren Stimmigkeit.

Warum hören wir heutzutage überhaupt so gerne auf die vielen Stimmen von außen und vergessen dabei unsere eigene?

Viele hören heute auf die vielen Stimmen von außen, weil sie mit ihrem eigenen Inneren nicht in Berührung sind. Sie hören nicht auf die leisen Stimmen in ihrem Herzen. So sind sie nicht stimmig, sie stimmen nicht überein mit ihrem inneren Wesen. Ein anderer Grund ist, dass sie ihren eigenen Wert nicht in ihrer einmaligen

Person finden, sondern ihn in Statussymbolen wie schicker Kleidung oder großen Autos suchen müssen. Ziel des geistlichen Lebens ist es ja, mit dem einmaligen und einzigartigen Bild in Berührung zu kommen, das Gott sich von mir gemacht hat. Natürlich ist es nicht so einfach, dieses Bild zu erkennen. Ich kann es letztlich auch nicht beschreiben. Ich bin in Berührung mit diesem Bild, wenn ich innerlich stimmig bin und das Leben in guter Weise fließt. Dann bin ich ursprünglich und authentisch. Wenn ich authentisch bin, dann muss ich mich nicht beweisen, dann bin ich einfach da. Und das ist dann nicht anstrengend.

Sich ständig beweisen zu müssen, ständig darauf zu achten, dass die andern mich mögen, dass ich von ihnen gesehen werde, das kostet Kraft. Und es führt oft dazu, dass wir uns verbiegen, uns nur den Erwartungen von außen anpassen.

Hören wir vielleicht auch deshalb lieber auf Stimmen von außen, weil wir Akzeptanz als Erfolg verstehen und Erfolg als Liebesbeweis der Gesellschaft?

Erfolg kommt aber nicht allein und von selbst – Erfolg und Scheitern gehören eigentlich wie Ein- und Ausatmen zusammen. Eine Aktie ist kurz bevor sie an Wert verliert am wertvollsten; wir Menschen sind genau dann besonders angreifbar, wenn wir meinen, am stärksten zu sein. Ich habe allerdings das Gefühl, als hätten wir in unseren Köpfen Erfolg und Scheitern als getrennte Ereignisse registriert. Wir wollen oft nicht sehen, dass jemand, der scheitert, sich zumindest am Erfolg versucht hat, und jemand, der Erfolg hat, sich über die Angst des Scheiterns hinwegsetzen musste. Wir streben nach Perfektion im Leben und vergessen, dass Perfektion eine feine Gratwanderung zwischen Erfolg und

Misserfolg ist, dass jeder Perfektion höchstwahrscheinlich eine ganze Reihe von unglücklichen Misserfolgen vorausgeht.

Wir haben Angst vorm Scheitern – einerseits sicherlich aus finanziellen Gründen, andererseits aus Angst, in den Augen der anderen an Bedeutung und Ansehen zu verlieren. Aber wer nie scheitert, hat wahrscheinlich nie etwas gewagt, und wer nichts versucht, der bleibt in der faden Mittelmäßigkeit stecken: einem Zustand, in dem Antriebskraft, Enthusiasmus und Leidenschaft keinen Platz mehr haben.

Woher kommt aber unsere Angst vor dem Scheitern und was ist vielleicht der Schatz des Scheiterns?

Ja, Scheitern und Erfolg gehören zusammen. Jesus hat ja das Gleichnis von den Talenten erzählt (Matthäus 25,14–30). Die ersten beiden Diener wagen es, ihre Talente zu verdoppeln. Der andere möchte absolut keinen Fehler machen und vergräbt es. Er erlebt dann, dass er mit seiner Angst und mit seinem Sicherheitsdenken sich selbst Heulen und Zähneknirschen bereitet. Die ersten beiden Diener werden nicht belohnt, weil sie Erfolg haben, sondern weil sie etwas gewagt haben. Wenn ich etwas wage, gehe ich immer auch das Risiko des Scheiterns ein. Als ich anfing, etwas riskantere Geldgeschäfte zu betreiben, weil die Abtei für die Finanzierung der Schule Geld brauchte, war mir klar, dass das auch mal schiefgehen könnte. Ich habe mir dann immer Alexis Sorbas als Beispiel genommen, der getanzt hat, als das Werk zusammengestürzt ist. Wer nicht verlieren kann, kann auch nicht gewinnen. Wer nichts wagt, gewinnt nichts. Aber das Wagnis ist immer mit Scheitern verbunden. Und oft genug ist das Scheitern auch eine spirituelle Herausforderung. Es macht uns bescheiden. Und es macht uns dankbar für das, was uns gelingt. Wir spüren, dass es nicht selbstverständlich ist, wenn uns etwas gelingt, dass es letztlich immer Geschenk ist.

Das deutsche Wort Scheitern kommt ja von „scheiden". Da wird etwas in uns geschieden: die Spreu vom Weizen, das Helle vom Dunkeln. Im Scheitern begegnen wir der eigenen Wahrheit. Wir nehmen Abschied von Illusionen. Und das Scheitern, das vom Bild des Holzscheits kommt, zerbricht das äußere Lebenshaus, damit das Eigentliche zum Vorschein kommt.

Das Scheitern tut weh. Und wir haben Angst, beim Scheitern als Versager und Verlierer dazustehen, von allen verlacht und verachtet zu werden. Aber wer auch das Scheitern annimmt, der wird immer mehr aufgebrochen für sein wahres Selbst. Darin liegt der Schatz des Scheiterns: Wir kommen mit unserem ursprünglichen Selbst in Berührung, mit dem inneren spirituellen Selbst, das nicht mehr zerbrechen kann, sondern das in jedem Sturm standhält.

Du bietest ja regelmäßig Kurse für Führungskräfte an, die sich mit Ehrgeiz und wirtschaftlichem Erfolg sicherlich gut auskennen, manche auch mit dem Scheitern. Mit welchen Problemen treten die meistens an Dich heran, und welchen Rat gibst Du ihnen, vielleicht auch aus Deiner persönlichen Erfahrung?

Wenn ich Kurse für Führungskräfte halte, dann kommen natürlich nur die, die sich danach sehnen, authentisch zu sein in ihrer Führungsaufgabe. Da spüre ich eine große Sehnsucht, dass sie ihrem eigenen Wert und dem Wert ihrer Mitarbeiter gerecht werden. Und ich höre oft von der Not, dass sie sich zu sehr von außen beeinflussen lassen, von einem autoritären Chef, von schwierigen Mitarbeitern, von den Konflikten zwischen den Beteiligten. Ich kann ihnen keine Tricks vermitteln, wie sie alle diese Konflikte lösen. Aber mir ist es wichtig, dass sie in Berührung kommen mit sich selbst. Wenn ich mich selbst spüre und bei mir bin, dann lasse ich mich von den Erwartungen der andern und von ihren Problemen nicht so leicht aus meiner Mitte hinausdrängen. Ich kann gelassener auf die aufgeregten Menschen in meiner Umgebung reagieren. Der spirituelle Weg hilft uns, in die eigene Mitte zu kommen, in uns den Ort der Stille zu entdecken, zu dem die Probleme von außen keinen Zutritt haben. Ich lasse mich emotional ein auf die Menschen, mit denen ich arbeite. Aber ich weiß immer um den inneren Raum der Stille, zu dem die Erwartungen und Ansprüche der andern keinen Zutritt haben, in dem mich auch ihre verletzenden Worte nicht erreichen. In diesem Raum der Stille erfahre ich innere Freiheit. Dann definiere ich mich nicht von der Meinung der andern her. Dann sind mir die vielen Stimmen von außen nicht so wichtig. Ich höre auf die innere Stimme und werde so stimmig, ich stimme überein mit meinem wahren Wesen, mit dem einmaligen Bild, das Gott sich von mir gemacht hat.

Natürlich gelingt das nicht immer. Wir lassen uns von Schwierigkeiten von außen oft aus der Mitte reißen. Das darf auch sein. Aber für mich ist es wichtig, immer wieder zurückfinden an diesen Ort der Stille, in den Grund meiner Seele, in dem ich ursprünglich und authentisch bin und mich nicht mehr beweisen muss.

Repräsentiert dann das Kloster mit den schützenden Klostermauern deiner Meinung nach diesen inneren Ort der Stille? Ist das womöglich der Grund, warum so viele Menschen regelmäßig im Kloster eine Zeit des Rückzugs suchen: weil sie dort das Gefühl haben, nicht bewertet zu werden und in Ruhe zu dieser inneren Stille und der Ursprünglichkeit ihres Wesens zurückzufinden?

Das Kloster mit seinen schützenden Klostermauern will die Stille schützen. Und die äußere Stille kann uns in Berührung bringen mit der inneren Stille, die unterhalb der lärmenden Gedanken in unserem Seelengrund in uns ist. Dort, in diesem Raum der Stille werden wir nicht bewertet. Auch für viele Besucher, die immer wieder ins Kloster kommen, ist das die größte Sehnsucht: dass sie wieder zur Ruhe finden. Und sie haben den Eindruck, dass die äußere Stille des Klosters ihnen dabei hilft. Aber es ist nicht nur die äußere Stille. Es ist auch die Atmosphäre, die ihnen guttut – dass sie dort nicht bewertet werden Die Atmosphäre des Klosters könnte man „mütterlich" nennen. Deshalb sind wir so gern in der Natur, denn die Natur hat auch etwas Mütterliches. Dort fühlen wir uns auch nicht bewertet. Ähnlich ist es mit der Stille des Klosters. Da werde ich nicht bewertet. Ich muss meinen Ehrgeiz und mein Erfolgsstreben nicht unbedingt vor den Klostermauern abstellen. Aber wenn ich mich auf die Atmosphäre eines Klosters einlasse, dann verliert das Erfolgsstreben in mir an Macht. Dann haben wir es auf einmal nicht mehr nötig, uns selbst möglichst gut darzustellen. Wir genießen, dass wir einfach so sein dürfen, wie wir sind, ohne dass wir uns selbst bewerten und ohne dass wir von andern bewertet werden.

ERFOLG, EHRGEIZ UND ZUFRIEDENHEIT

Ich bin mir noch nicht ganz sicher: Vielleicht haben die meisten von uns Erfolg und Ehrgeiz einfach falsch definiert.

Ich empfinde Deinen Weg ins Kloster, mit all seinen Einschränkungen und geistigen Herausforderungen, auch als einen sehr ehrgeizigen Schritt. Ich kann mir ehrlich gesagt kaum einen ehrgeizigeren vorstellen. Sicherlich bist Du oft an Deine geistigen Grenzen gekommen, wenn es hieß, sich eine Liebe zu versagen, Dankbarkeit für jede Mahlzeit zu zeigen, auch wenn man nie weiß, wann wieder einmal das eigene Lieblingsessen serviert wird, und wenn man lernen muss, persönliche Wünsche als nicht notwendig einzustufen. Wahrscheinlich gewöhnt man sich daran, irgendwann nicht mehr viel zu brauchen. Ich kann mir sogar vorstellen, wie man sich innerlich befreit fühlen kann, wenn man merkt, dass Bedürfnisse unwichtig werden. Aber besonders als junger Mensch muss diese Zurückhaltung in vielen Bereichen doch sicherlich eine immense Herausforderung gewesen sein.

Ehrgeiz kann ja auch heißen, bewusst an die eigenen Grenzen gehen zu wollen, sich auszutesten, um sich selbst besser kennen zu lernen. Da ist dann die Quelle des Ehrgeizes eigentlich eine Art Selbstfindungssuche im Vergleich zu dem Ehrgeiz, der aus einem Gefühl des eigenen Mangels entsteht.

Können uns beide Arten von Ehrgeiz allerdings je zum Erfolg bringen? Und was ist überhaupt Erfolg? Sind dann nicht die Unehrgeizigen, die mit ihrem einfachen Dasein durchaus zufrieden sind, die nicht alles hinterfragen, die ihre persönlichen Grenzen überhaupt nicht kennen wollen, vielleicht sogar „erfolgreicher"?

Die frühen Mönche kennen durchaus den Ehrgeiz auch als gute Kraft. Der Ehrgeiz treibt uns an, an uns selbst zu arbeiten. Für die Mönche bestand der Ehrgeiz darin, Disziplin zu üben, autonom zu leben und sich nicht von irgendwelchen Bedürfnissen bestimmen zu lassen. Das deutsche Wort Ehrgeiz bedeutet ursprünglich: die Gier nach Ehre, nach Ansehen, nach Würde und Ruhm. Der Ehrgeiz treibt uns an, ein Ziel zu erreichen. Es zu schaffen, darin besteht der Erfolg.

Erfolg zu haben ist also an sich nichts Schlechtes. Die Frage ist nur, auf welchem Gebiet ich Erfolg haben möchte. Heute sind viele Menschen vom Ehrgeiz geprägt, möglichst viel Geld zu haben und sich auf ihrem Reichtum auszuruhen und damit anzugeben. Oder aber sie möchten möglichst bekannt sein. Das erleben wir ja im Fernsehen. Da möchten Leute bekannt werden, indem sie ihre Fehler und Schwächen lauthals herausposaunen, damit sie auf irgendeine Weise beachtet werden. Es wirkt oft peinlich, wenn jemand ständig nur auf äußeren Ruhm aus ist. Wir haben den Eindruck, dass er nicht bei sich ist: Er ist nicht in Berührung. Er spürt sich selbst nur, wenn er von möglichst vielen gesehen und anerkannt wird.

Aber ein Mensch ohne jeden Ehrgeiz ist auch ohne Antrieb. C. G. Jung, der Schweizer Therapeut, meint, in der ersten Lebenshälfte brauchen wir den Ehrgeiz, um aus unserem Leben etwas zu machen. Aber spätestens in der Lebensmitte brauchen wir eine andere Haltung. Da müssen wir lernen, einfach da zu sein, wahrhaftig zu sein, nach innen zu gehen, nicht mehr äußeren Reichtum anzusammeln, sondern den Reichtum der Seele zu entdecken. Jung meint: Der größte Feind für die Verwandlung ist ein erfolgreiches Leben. Wenn ich nach außen hin immer Erfolg habe, sehe ich keinen Grund, innerlich weiterzugehen und immer mehr in die Gestalt verwandelt zu werden, die Gott mir zugedacht hat.

Natürlich hat mich mein Ehrgeiz beim Klostereintritt nicht einfach verlassen. Aber ich glaube, dass er sich gewandelt hat. Ich habe keinen Ehrgeiz, reich oder bekannt zu werden. Aber ich hatte in den ersten Jahren den Ehrgeiz, ein guter Mönch zu sein, Disziplin zu lernen, mich selbst zu beherrschen und immer mehr der Gestalt Jesu ähnlich zu werden. Das entspricht dem, was Du Selbstfindungssuche nennst. Dann hatte ich im Studium den Ehrgeiz, nicht unbedingt gute Noten zu haben, sondern so zu studieren, dass ich den Menschen von heute die Botschaft Jesu in einer Sprache verkünden kann, die ihre Sehnsucht anspricht und ihre Herzen berührt. Ich wollte nicht einfach so vor mich hin lernen. Daher habe ich viel gelesen, gerade die Bücher moderner Schriftsteller wie Martin Heidegger, Albert Camus, Karl Jaspers, Jean Paul Sartre und Ernst Bloch.

Dieser Ehrgeiz treibt mich auch heute an, mich beim Schreiben immer neu zu fragen: Was trägt mich? Was bewegt die Menschen? Wie finde ich die Worte, die uns eine Tür aufschließen zum Geheimnis des Menschseins und zum Geheimnis Gottes? Diesen Ehrgeiz empfinde ich durchaus als eine gute Kraft. Nur wenn ich mich allein vom Ehrgeiz her definiere, wird es gefährlich.

Ähnlich ist es mit der Zufriedenheit. Das Ziel unseres Menschseins ist es, im Einklang mit unserem Wesen und unserem Leben zu sein. Wenn ich im Einklang mit mir bin, dann geht von mir auch Segen aus. Dann wird mein Leben fruchtbar. Aber es gibt auch eine satte Selbstzufriedenheit. Solche Menschen bewegen wenig, und von ihnen geht auch kein Friede aus, der andere ansteckt. Die satte Selbstzufriedenheit ist mehr ein narzisstisches und egozentrisches Kreisen um mich selbst: Hauptsache, mir geht es gut. Es braucht also bei allen Haltungen immer das richtige Maß, sowohl beim Ehrgeiz als auch beim Erfolg und bei der Zufriedenheit. Daher nennt der hl. Benedikt die weise Mäßigung die Mutter aller Tugenden.

Diese weise Mäßigung nennt er „discretio": die Gabe, genau zu unterscheiden, wo eine Haltung für uns und für die Menschen zum Segen wird und wo sie uns schadet.

Du hast Dich in Deinem Leben zu einem außergewöhnlich erfolgreichen Buchautor entwickelt. Deine Kreativität, Disziplin und Ausdauer sind wirklich bewundernswert. Zumindest für Außenstehende ist Dein Leben erfolgreich verlaufen. Du zitierst aber gerade Jung, der ein erfolgreiches Leben als Feind der Verwandlung sieht. Hast Du für Dich das Gefühl, dass anhaltender Erfolg und eine gleichzeitige innere Verwandlung vielleicht nur im Kloster möglich sind? Hättest Du Dich auch getraut, diesen Erfolg anzustreben, wenn Du nicht ins Kloster gegangen wärest?

Natürlich kann Erfolg an sich nicht das eigentliche Ziel sein, sondern nur das Resultat eines Bemühens. Erfolg kann uns ja auch negativ verändern, ungeplante Entwicklungen in unserem Leben auslösen.

Für Dich war klar, dass die äußere Struktur Deines Alltags, ob Du Erfolg hast oder nicht, genauso bleibt, wie bisher – und dass Du auch nicht mit dem Neid anderer rechnen musst, da Du als Mönch von dem finanziellen Erlös der Bücher und Vorträge keinen persönlichen Gewinn hast. Ich erinnere mich an den Film „Haie der Großstadt" von 1961, in dem Paul Newman den Billardspieler „Fast Eddie" spielt. Nach einer schlimmen Niederlage sagt der zynische Wetthai Bert Gordon zu ihm: „Gewinnen, das ist genauso gefährlich, das vertragen die wenigsten."

Kannst Du also nur deshalb Dein ganzes Bemühen in Deine Aufgaben stecken, weil Du sicher weißt, dass Du Dich am Ende des Tages mit Deinem Erfolg im Kloster nicht im gleichen Maße auseinandersetzen musst wie andere?

Ich habe den Erfolg nie angestrebt. Ich habe Lust empfunden beim Schreiben. Und bei manchen Herausforderungen – sowohl Anfragen von Verlagen als auch von Fernsehsendern – habe ich eine gewisse Faszination gespürt. Aber ich habe nie den Erfolg selbst geplant, sondern eher auf Anfragen reagiert. Bei anderen Autoren oder Rednern habe ich manchmal gespürt, dass sie der Gefahr des Erfolgs erlegen sind. Sie sind unkritisch sich selbst gegenüber geworden. Sie haben sich im Erfolg gesonnt. Und manchmal habe ich bemerkt: Sie brauchen den Erfolg, um sich lebendig zu fühlen. Und sie brauchen die Gemeinde der Fans für das eigene Selbstwertgefühl. Diese Versuchung kenne ich natürlich bei mir auch. Aber gerade weil ich das bei anderen gesehen habe, habe ich darin einen Spiegel für mich selbst erkannt. Und ich hoffe, dass ich durch den Blick in den Spiegel der Gefahr des Erfolges weitgehend entronnen bin. Als Gefährdung spüre ich es aber immer.

Natürlich ist mein Erfolg nicht durch finanziellen Ertrag definiert. Das Geld, das ich verdiene, gehört dem Kloster. Aber natürlich kommen da manchmal Gedanken des Stolzes in mir hoch, dass ich für das Kloster so und so viel verdient habe. Aber wenn solche Gedanken in mir auftauchen, dann antworte ich meiner eigenen Seele: Ich bin dankbar für alles, was durch mich geschieht. Aber ich weiß, dass es nicht mein Verdienst ist.

Neid kommt mir durchaus auch entgegen. Bei manchen, die mich kritisieren, spüre ich diesen Neid heraus. Eine Frau sagte mir: „Warum halten Sie solche Vorträge? Sie suchen doch nur sich selbst. Sie sollten lieber im Kloster bleiben." Natürlich trifft mich so ein Vorwurf. Aber dann habe ich in das unzufriedene Gesicht der Frau geschaut. Und es war mir klar, dass es nur ihr Neid war, weil ihr Leben nicht gelungen ist und weil sie niemand beachtet. Dem Neid des andern kann ich nicht entgehen, indem ich mich klein mache oder mich entschuldige für meinen Erfolg. Den Neid muss ich beim andern lassen.

Der immer gleiche Rhythmus des Klosters hält mich lebendig. Und er zeigt mir: Es geht nicht um den Erfolg, sondern um den Weg. Der Erfolg bietet die Gefahr, sich auszuruhen, zu meinen: Ich habe die richtige Sprache. Ich weiß, wie man die Menschen anspricht. Für den hl. Benedikt ist ein Mönch einer, der sein Leben lang wahrhaft Gott sucht. Das ist für mich eine wichtige Herausforderung: immer auf dem Weg zu bleiben, immer weiter zu suchen, wer dieser Gott ist und wer ich selbst bin, was das Geheimnis des Menschen und das Geheimnis Gottes ist. Wie Peter Handke einmal gesagt hat: Schreiben ist die ständige Suche nach dem Schlüssel, um die Tür zum Eigentlichen zu öffnen, zu dem, was hinter allem liegt. Das ist für mich wichtig, dass ich immer neu nach Worten suche, die das Eigentliche, das Wesen, das Sein erahnen lassen.

Du sprichst von Ehrgeiz und Erfolgsstreben, Neid und Kritik. Alle vier Wesenszüge sind sicherlich tief im Menschen verwurzelt und hängen unter anderem auch mit unserer Existenzangst zusammen. Unsere Gesellschaft ist auf Wettbewerb ausgerichtet und strebt nach Luxus. Wer nicht mithalten *kann*, fühlt sich schlecht und reagiert mit Neid. Wer nicht mithalten *will*, ein

Künstler zum Beispiel, wird für sein Anderssein belächelt oder kritisiert. Das war wahrscheinlich schon immer so. Insofern ist Dein Leben im Kloster sicherlich behüteter und Du kannst Dich ohne Erfolgs- und Einkommensdruck auf Deine Fähigkeiten konzentrieren.

Viele Menschen gehen heutzutage ständig Kompromisse mit ihrer Seele ein. Eine Frau wäre vielleicht gerne Köchin geworden, könnte aber aufgrund der Arbeitszeiten damit nicht bei ihrer Familie sein. Ein anderer wäre gerne Schauspieler oder Musiker, weiß aber, dass die Chancen, damit seine Kinder ernähren zu können, gering sind. Alleinerziehende versuchen mit einem Halbtagsjob genügend Geld zu verdienen, um am Ende des Monats nicht ins Minus zu rutschen. Da steht nicht die Frage einer Integrität mit der eigenen Seele im Vordergrund, sondern es geht ums Überleben.

Es ist deshalb kein Wunder, dass Neid und Kritik oft aus dieser tiefen Frustration kommen, nicht im Einklang mit unserer Seele leben zu können. Diese Kompromisse, die wir quasi mit unserer eigenen Seele schließen, gehen uns besonders nahe. Sie lassen uns nicht so leicht wieder los, und wir tun im Nachhinein alles, um unsere Entscheidungen vor unserem Gewissen zu rechtfertigen.

Ich nehme an, dass Du solche Kompromisse nicht eingehen musstest. Aber so ganz ohne Verlust läuft Dein Lebensweg natürlich auch nicht: dafür, dass Du dieser Suche nach dem Geheimnis des Menschen und dem Geheimnis Gottes nachgehen kannst, gibst Du Familie, persönlichen Besitz und einen frei wählbaren Tagesablauf auf. Gäbe es nicht Deinen Bart, mit dem Dich alle schon von Weitem erkennen, würde ich sogar behaupten, dass Du dank dem schwarzen Habit, den bei Euch ja alle tragen, auch Deine äußere Individualität aufgibst.

Besonders wir Frauen lieben es bekanntlich, uns mit unserer Kleidung darzustellen, unserem Wesen Ausdruck zu verleihen. Aber auch Männer wollen mit ihrem Äußeren mittlerweile eine Vorstellung von ihrem Inneren vermitteln. So erkennt man den schicken Bankier auch außerhalb seiner Bank anhand seiner Kleidung, und die zukünftige Designerin zeigt ihre Begabung selbstbewusst in dem, was sie trägt.

Welche Gefühle hattest Du, als Du zum ersten Mal keine Privatkleidung, sondern einen Habit trugst? Wie wichtig ist es als Mönch, die äußere Individualität abzulegen und einer von vielen zu werden, oder ist es womöglich sogar ein Gefühl der Befreiung, auf den inneren Kern reduziert zu sein? Was passiert mit der Seele, wenn ich mich nicht mehr präsentieren kann oder muss? Und wie können wir unsere Individualität leben, wenn wir meinen, äußere Umstände hindern uns an unseren Ausdrucksmöglichkeiten?

Den Druck, mich durch meine Kleidung von anderen abzusetzen, verspüre ich gar nicht. Ich bin froh, dass ich nicht lange wählen muss, was ich anziehe. Ich ziehe einfach meinen Habit an. Bei der Arbeit trage ich normale, einfache Kleidung. Alles, was ich trage, habe ich geschenkt bekommen. Ich freue mich über einen schönen Pullover, den mir meine Geschwister zu Weihnachten geschenkt haben. Aber ich habe nie ein Gespür dafür entwickelt, was ich jetzt genau anziehen sollte und was zueinander passt. Da bin ich froh, dass ich den Habit habe. Wenn ich Vorträge halte, brauche ich deshalb auch nicht lange zu überlegen, was ich anziehe. Das ist einfach klar.

Aber natürlich gebe ich meine Individualität nicht auf. Gerade weil wir als Gemeinschaft viel zusammen tun, etwa das fünfmalige Zusammenkommen im Chorgebet, die gemeinsamen Mahlzeiten, die gemeinsamen Konferenzen und Besprechungen, braucht es auch die Individualität. Meinen inneren Weg muss ich allein gehen. Da bin ich selbst verantwortlich. Meine Art zu denken und zu fühlen kann mir keiner vorschreiben. Da fühle ich mich auch ganz frei. Was ich schreibe, das kontrolliert niemand. Ich kann schreiben, was ich fühle. Ich muss es niemandem vorzeigen.

In Gesprächen begegne ich vielen Menschen, die nicht das verwirklichen konnten, was sie gerne gewollt hätten. Da fühle ich mich dann schon privilegiert. Im Gespräch versuche ich ihnen zu erklären, dass die Individualität nicht allein im Beruf liegt, den ich gerne wählen möchte. Mitten in Umständen, die ich mir nicht ausgesucht habe, in die ich einfach hineingeworfen worden bin, kann ich trotzdem ganz ich selbst sein. Die Grundfrage lautet: Was macht mich aus? Wer bin ich wirklich? Woher definiere ich mich?

Ich definiere mich eben nicht vom Beruf allein oder von der sozialen oder gesellschaftlichen Rolle, die ich spiele. In mir ist etwas Einmaliges und Einzigartiges. Und das kann mir niemand nehmen. Für uns Mönche ist sicher die Einheitlichkeit im Äußeren eine Herausforderung, umso mehr die eigene Einmaligkeit zu entdecken und den innersten Kern zu leben, anstatt sich äußerlich beweisen und darstellen zu müssen.

Ich frage mich, ob die erfolgreiche Suche nach dem inneren Kern wirklich nur durch das Ablegen der äußeren Darstellung funktionieren kann. Ich habe persönlich schon erlebt, dass ich durch

Ausprobieren des einen oder anderen Stils auch unterschiedliche Facetten meines Inneren aufspüren konnte. Mal fühle ich mich klassischer, mal künstlerischer, und es kann auch Spaß machen, dem Inneren eine äußere Unterstreichung zu geben. Außerdem würde ich mich heute nicht mehr so anziehen wie vor zehn Jahren, und ich nehme an, dass ich mich in zehn Jahren nicht mehr so anziehen werde wie heute. Das hat bei mir weniger mit Modebewusstsein zu tun, sondern mit meiner Weiterentwicklung als Frau.

Diese Show, die wir jeden Tag unbewusst absolvieren, ist aus sozialpsychologischen Gründen ja auch nicht ganz unwichtig: So kann man von außen erkennen, mit wem man sich gerne unterhalten würde, mit wem man vielleicht innerlich verbunden ist, wer ähnlich traditionell-klassisch oder künstlerisch-flippig durch die Welt wandelt. Wir meinen, diese Aushängeschilder unseres Wesens tragen zu müssen, um einerseits eine Gruppenzugehörigkeit zu spüren, uns dann aber auch andererseits eindeutig von anderen abzugrenzen. Interessanterweise seid Ihr Mönche mit dem Habit zwar innerhalb Eures Klosters gleich, andererseits aber auch außerhalb des Klosters leicht als Gruppe zu erkennen.

Seid Ihr wirklich davon überzeugt, dass Ihr durch das Ablehnen und Ablegen von individueller Kleidung und Schmuck und den Verzicht auf Kosmetik und sonstige Luxusgüter wirklich zu einem individuellen Kern finden könnt? Was sagt der heilige Benedikt dazu?

Das Mönchsgewand hatte in der Geschichte des frühen Mönchtums eine wichtige Funktion. Es verschaffte dem Mönch seine Identität als Mönch. Das ist durchaus ähnlich wie bei Dir. Du ziehst

Dich so an, wie Du es tust, weil Du deine Identität – als die Andrea, die einen bestimmten Mix aus Eleganz und künstlerischer Form liebt – durch deine Kleidung nach außen ausdrücken möchtest. Wir brauchen durchaus äußere Unterstützung für unsere Identität. Das ist zunächst die Kleidung. Das ist aber auch der Lebensstil. Du hast ja auch Deinen eigenen Lebensstil entwickelt, in dem Du Dich von dem typisch amerikanischen Lebensstil unterscheidest. Du lebst auch nicht einfach Deinen deutschen Stil weiter. Du hast Deinen Stil entwickelt: wie Du Dich anziehst, wie Du wohnst, wie Du Dich ernährst, wie Du mit Deiner Freizeit umgehst, was für Dich wichtig ist.

Entscheidend ist, dass die äußeren Symbole Ausdruck der inneren Identität sind. Wenn wir uns nur vom Äußeren her bestimmen lassen, wenn wir z.B. teure Kleidung brauchen, um unser mangelndes Selbstwertgefühl zu überdecken, dann hilft es uns nicht weiter. Dann führt das zu einem Zwiespalt zwischen dem Äußeren und Inneren. Aber wenn das Äußere Ausdruck des Inneren ist, dann gibt es auch dem Inneren Stabilität. Dann hilft das Äußere, das Innere authentisch zu leben.

C. G. Jung sagt einmal: „Reichtum ist nicht an sich schlecht. Aber er hat die Tendenz, die eigene Maske zu verstärken. Und dann schneidet er uns ab von unserem Herzen." Eine Frau erzählte mir von ihrem Mann, der wirtschaftlich sehr erfolgreich war. Sie konnte mit ihm nicht mehr persönlich sprechen. Es ging immer nur Geld und Macht und Sex. Der Reichtum und der Erfolg haben ihm vom eigenen Herzen abgeschnitten. Aber das heißt nicht, dass ich mein Herz nur finde, wenn ich kein Geld habe oder keine schöne Kleider anziehe. Es braucht die richtige Beziehung zwischen außen und innen.

GELD, BESITZ UND ARBEIT

Du verdienst mit Deinen Büchern und Vorträgen sehr viel Geld. Wärest Du kein Mönch, wärst Du reich. Was bedeutet Reichtum für Dich?

Als Cellerar muss ich dafür sorgen, dass die Abtei auf finanziell soliden Füßen steht. Ich brauche permanent Geld, um die große Abtei ständig zu sanieren und um die vielen Angestellten bezahlen zu können. Aber es geht mir nicht um Reichtum, sondern um eine gute Grundlage für eine sichere Zukunft.

Da ist es für mich schon wichtig, dass ich genügend verdiene, um für die Zukunft vorzusorgen. Aber persönlich bedeutet mir Reichtum nichts. Ich freue mich, dass ich Geld verdiene. Aber ich brauche das Geld nicht für mich. Ich bin von daheim her bescheiden aufgewachsen, und diese Bescheidenheit ist mir in Fleisch und Blut übergegangen. Ich würde von mir aus nie in eine teure Wirtschaft gehen.

Wenn ich sehe, dass meine Bücher gelesen werden und dass viele Hörer zu den Vorträgen kommen, dann bin ich dankbar. Aber ich frage dann nicht, wie viel Geld ich an dem Abend verdiene. Wichtiger ist mir, dass die Menschen berührt werden.

Wir beide leben in vergleichsweise reichen Ländern, in denen es für die meisten Menschen nicht ums bloße Überleben geht. Also haben wir mehr Zeit und Muße, uns dem zu widmen, was wir für wirklich wichtig halten: unserer Selbstfindung!

Ist es die ständige Suche nach Individualität, die im Endeffekt zu den weit verbreiteten Depressionen führt? Ist dieser Wunsch nach einem perfekten Leben – dem bestmöglichen Partner der uns komplettiert, dem Beruf, der uns ganz ausfüllen soll, Kindern, mit denen wir bedingungslose Liebe erfahren möchten und bitte schön alles in einer großzügiger Wohnung, die so ganz auf uns zugeschnitten ist – ist das alles eigentlich der Freibrief zum Unglücklichsein? Es hat sich herausgestellt, dass die reichsten Industrienationen die höchsten Depressionsraten haben. Wie betrachtet Ihr Mönche und wie siehst Du dieses rege Tun und Machen um „uns selbst zu finden", um glücklich zu sein?

Daniel Hell, ein Schweizer Psychiater, sagt einmal: „Die Depressionen sind oft ein Hilfeschrei gegen die maßlosen Bilder, die wir von uns selbst haben, dass wir immer perfekt sein müssen, immer gut drauf, immer cool, immer erfolgreich, immer alles im Griff habend." Wenn ich also krampfhaft meine Individualität beweisen muss, wenn ich den perfekten Partner, den erfüllendsten Beruf, die intelligentesten Kinder haben muss, dann rebelliert sicher die Seele: entweder mit Depressionen oder mit Ängsten. Die Glücksforscher bestätigen uns, dass der, der unter allen Umständen glücklich sein will, es nie sein wird. Natürlich haben wir in uns das Bestreben, unser eigenes Leben zu leben. Das gehört zu unserem Menschsein. Jeder Mensch ist einmalig. Aber wenn ich mit dem ursprünglichen Bild Gottes in mir in Berührung bin, dann habe ich es nicht nötig, mich nach außen hin zu beweisen. Ich gestalte dann mein Außen so, wie es dem inneren Bild entspricht. Aber ich lege nicht meine ganze Energie darauf, nach außen hin möglichst individuell, interessant, erfolgreich und intelligent zu erscheinen.

Die Alternative ist also nicht, das Äußere total loszulassen und nur rein asketisch und ohne Statussymbole zu leben. Oder aber alle Energie auf die äußere Aufmachung zu verlegen. Es geht vielmehr um ein gutes Miteinander. Die äußere Gestaltung des Klosters, die Art, wie die Mönche ihr Kloster bauen und ihre Räume einrichten, gehört für Benedikt durchaus zur Kultur des Mönchslebens. Verwahrloste, lieblos gestaltete Klöster lassen immer auch auf eine verschlampte und verwahrloste Seele schließen. Insofern ist es schon wichtig, wie ich Räume ausstatte. Ich kann sie gutbürgerlich gestalten oder so, dass sie einen spirituellen Stil haben, dass sie einfach und zugleich schön sind. Die Schönheit gehört nicht nur zur Würde des Menschen. Die Schönheit ist für die Theologie auch eine Spur, die Gott in diese Schöpfung gegraben hat. Und in der Schönheit des Menschen und seines Lebensstils drückt sich immer auch die Schönheit Gottes aus. Die Schönheit ist heilsam für den Menschen. Aber schön heißt nicht unbedingt: möglichst viel zu haben, möglichst luxuriös zu wohnen. Manche luxuriöse Wohnungen sind eher abstoßend. Es gibt auch eine Hässlichkeit des Reichtums. Manche Reiche haben keinen Geschmack. Sie wollen nur angeben. Aber ihre Kleidung und ihre Wohnung und ihr Lebensstil sind nicht Ausdruck einer inneren Schönheit.

Du sprichst von einem ausgeglichenen Miteinander, von Harmonie zwischen Innerem und Äußerem. Ich habe in einem Deiner Bücher über Benedikt von Nursia gelesen, wie sehr es auch ihm um Harmonie im Leben ging, insbesondere um die Balance zwischen Gebet und Arbeit: Wer arbeitet, kann besser beten, und wer betet, kann besser arbeiten – ora et labora.

Zu oft arbeiten wir ja heutzutage viel zu viel und sind dann ausgebrannt, weil wir uns nicht um unsere Seele gekümmert und uns wenig geistige Ruhepausen gegönnt haben. Wir finden häufig einfach nicht das richtige Maß zwischen Aktivität und Stille. Andererseits kann unsere Arbeit uns auch Energie schenken. Wenn wir so richtig Lust verspüren, an einem neuen Projekt zu arbeiten, wäre es fast schade, sich immer wieder davon losreißen zu müssen. Um ehrlich zu sein, kann ich mir vorstellen, dass man in solchen Momenten trotz bester Meditations-Absichten in Gedanken dann sowieso nur um sein neues Projekt kreist. Besonders schaffensfrohe Menschen erleben abwechselnd Phasen der Kreativität und Zeiten der Stille, aber nicht unbedingt am selben Tag. Ich könnte mir persönlich beispielsweise keinen jungen, quirligen Mozart vorstellen, der regelmäßig die Feder niederlegt um sich einem Gebet zu widmen.

Wo nach der Benediktsregel Maß gehalten wird, herrscht sicherlich Ordnung und Ausgeglichenheit, aber gleichzeitig sind es ja manchmal die Ausschweifungen des Lebens, die unsere kreativen Energien zum Vorschein bringen. Deiner Schaffenskraft hat die Struktur des Klosterlebens aber offensichtlich keinen Abbruch getan – hat das mit dem Arbeits- und Gebetsrhythmus zu tun oder eher mit der Tatsache, dass Du Dich nicht auch noch um Familie, Haus und Garten kümmern musst?

Wieso beharrt Benedikt auf der Wichtigkeit dieser Harmonie zwischen Gebet und Arbeit, die ja fest in Euren Tagesablauf eingebaut ist – an was ist ihm dabei gelegen? Können wir seine ursprüngliche Absicht auch in unserem „normalen" Alltag einbauen?

Das Geheimnis von *ora et labora* ist nicht nur der gute Rhythmus, den das abwechselnde Beten und Arbeiten schafft, sondern auch die Haltung der Hingabe. Im Gebet geht es darum, sich Gott hinzugeben. Und in der Arbeit kommt es darauf an, mich an die Arbeit hinzugeben, frei zu sein von dem ständigen Kreisen um mein Ego oder darum, was andere über meine Arbeit denken könnten. Es braucht immer auch die Selbstvergessenheit, die Hingabe an das Werk, damit ein großes Werk entstehen kann.

Es gibt sicher verschiedene Typen von Menschen. C. G. Jung sagt einmal, wer im Rhythmus arbeitet, kann effektiver und nachhaltiger arbeiten. Das hängt sicher mit der kreativen Pause zusammen. Ich kann mich nicht vier Stunden lang auf eine Arbeit konzentrieren. Aber die Abwechslung, das Aufatmen in der Pause, schafft wieder neue Energie und Kreativität. Und die Unterbrechung durch das Chorgebet ist so eine kreative Pause. Natürlich kommen mir manchmal auch beim Chorgebet neue Ideen. Genauso wie ich im Traum manchmal neue Ideen bekomme. Die tauchen dann einfach auf. Für mich ist dieser Rhythmus gut, damit ich mich jeweils eine Zeit lang auf ein Thema oder eine Arbeit konzentriere. Sicher gibt es künstlerische Typen, die einen anderen inneren Rhythmus haben. Von Händel wird ja erzählt, dass er den *Messias* wie in einem Rausch komponiert hat. Aber auch da musste er zwischendurch schlafen und essen. Das gibt es sicher: solche kreativen Phasen, in denen man an der Arbeit bleiben muss. Aber auch große Schriftsteller wie Thomas Mann oder auch Hemingway haben in ihrem Schreiben einen festen Rhythmus gehabt und sich durch eine große Disziplin ausgezeichnet.

Der benediktinische Rhythmus ist sicher nicht für jeden passend. Aber dass wir auch in unserer normalen Arbeit einen gewissen

Rhythmus haben sollen, ist auf jeden Fall heilsam. Auch die Natur hat einen Rhythmus. Und jeder hat seinen eigenen Biorhythmus. Und es ist gut, auf diesen inneren Rhythmus zu hören. Ich weiß von einer Firma, in der der Chef viel zu lange Sitzungen – ohne kreative Pausen – hält. Da kommen nur Aggressionen heraus. Auch eine Arbeitssitzung braucht gute Pausen, damit neue Ideen kommen.

Benedikt hat bei seinem Rhythmus sicher nicht in erster Linie an die Effektivität und Nachhaltigkeit der Arbeit gedacht, sondern ihm war es ein spirituelles Anliegen. Das Ziel des Lebens sollte sein, „dass in allem Gott verherrlicht werde". Das gilt sicher nicht nur für die Mönche. Jedes große Werk verherrlicht Gott. Und das gilt wiederum nicht nur für Werke der Kunst. Benedikt schreibt diesen Satz von der Verherrlichung Gottes gerade im Kapitel über die Handwerker. Sie sollen in ihrer Arbeit nicht ihr Ego verwirklichen, sich weder von Erfolg oder Geldgier treiben lassen, sondern durchlässig sein für Gott, damit ihr Werk am schöpferischen Wirken Gottes teilhat. Das klingt für viele sicher zu fromm. Aber ich glaube, man merkt es einem Werk an, ob der Handwerker, der Schriftsteller, der Musiker, der Maler sich selbst darstellen will oder ob er durchlässig ist für etwas Größeres, für eine Idee, für die Schönheit als Schönheit, oder eben für Gott.

Wobei wir wieder beim Ego wären. Ich habe lange darüber nachgedacht und muss Dir ehrlich gestehen, dass ich mir nicht ganz sicher bin, ob ich nun die Berufung zum Mönch als die vielleicht selbstloseste oder aber selbstzentrierteste Aufgabe empfinde, die ein Mensch eingehen kann. Selbstlos, weil Ihr auf sehr viel verzichtet – selbstzentriert, weil Ihr viel Zeit damit verbringt über Euch selbst nachzudenken.

Ein Lebensweg als Mönch schränkt in vielerlei Hinsicht ein. Man wird wahrscheinlich mit all seinen Bedürfnissen, Emotionen und Sehnsüchten stärker konfrontiert als jemand wie ich, der sich kleine Wünsche problemlos und meist sofort erfüllen kann. Wenn ich Lust auf einen heißen Kakao habe, mache ich ihn mir einfach, wenn ich mich mit Freunden am Wochenende treffen möchte, brauche ich nur kurz zu telefonieren. An einem schönen Frühlingstag kann ich einen Lauf durch die Natur unternehmen. So gesehen scheint mein Lebensstil also eindeutig selbstbezogener.

Aber auch ich habe schon viele Frustrationen und Einschränkungen erleben müssen, und ich weiß, dass man nur in Zeiten des Mangels und der Krise wirklich etwas über sich selbst erfährt. Nur wenn ich meine Bedürfnisse nicht stillen kann, wenn ich also den Mangel aushalten muss, muss ich mich erst einmal fragen, was ich tatsächlich im Leben brauche, wieso ich es zu brauchen meine und welchen wunden Punkt dieses Bedürfnis in mir anspricht.

Andererseits habe ich als Mutter gesehen, wie man plötzlich nicht mehr der Mittelpunkt des eigenen Lebens ist. Freude und Schmerz haben nicht mehr allein mit der eigenen Bedürfnisbefriedigung oder Mangelerfahrung zu tun, sondern auch mit der meiner Kinder. Durch Familie wird man selbstloser, weil das eigene Glück und die eigenen Bedürfnisse im Zusammenhang mit den anderen Familienmitgliedern stehen. Es fällt mir schwer, fröhlich sein, wenn meine Kinder todunglücklich sind. So gesehen gibt man als Elternteil auch ein großes Stück Kontrolle über die eigenen Herzensangelegenheiten auf und macht sich verwundbar.

Obwohl also die Motivation, Familie zu leben, an sich auch ein selbstbezogener Wunsch war, hat er mich doch selbstloser gemacht.

Ist es für Euch Mönche aber vielleicht genau andersherum: die Motivation, selbstlos zu sein, führt eigentlich dahin, sich sehr auf die eigenen Gefühle zu konzentrieren? Als Mönche lebt Ihr zwar in einer Gemeinschaft, aber Du sagtest, es geht Euch auch um Einsamkeit, um mit sich eins sein. In dieser Einsamkeit kommt man sicherlich seinen eigenen Wunden ganz nah. Kreist man dann nicht immer wieder sehr stark um sich selbst? Wie siehst Du den paradoxen Zusammenhang von äußerer und innerer Selbstlosigkeit und Selbstzentriertheit?

Sowohl in Deinem Leben als Ehefrau und Mutter als auch in meinem als Mönch geht es darum, immer selbstloser zu werden. Als Mönch ist man nicht automatisch selbstlos. Es gibt durchaus die Gefahr, spirituell nur um sich zu kreisen und Kontemplation damit zu verwechseln, dass man Zeit für sich hat. Benedikt reagiert in seinen Texten allergisch auf ein solch selbstbezogenes Verständnis von Spiritualität. Er prüft die jungen Mönche, ob sie wahrhaft Gott suchen. Dieses Streben erkennt er im Eifer, Gottesdienst zu feiern, in der Fähigkeit, sich auf die Gemeinschaft einzulassen, und in der Bereitschaft, sich in der Arbeit herausfordern zu lassen. Die Arbeit ist gerade ein Test, ob der Mönch nur sich selbst sucht oder wahrhaft Gott.

Und so ist es auch bei Dir als Mutter. Du kannst nur eine gute Mutter sein, wenn Du Deine Bedürfnisse immer wieder zurückstellst. Allerdings geht es sowohl bei Dir als auch bei mir als Mönch immer darum, ein gesundes Gleichgewicht zwischen der eigenen Bedürftigkeit und den Bedürfnissen der anderen zu finden. Wenn ich immer nur gebe, bin ich bald verausgabt. Ich muss auch für mich selber sorgen. Aber wenn die Gemeinschaft ruft, ein Ratsuchender an der Klosterpforte steht oder aber eines Deiner Kinder etwas von Dir will, dann ist der Dienst wichtiger als die eigenen Bedürfnisse.

Jesus betrachtet Spiritualität auch sehr nüchtern. Er vergleicht uns mit einem Sklaven, der nur seine Schuldigkeit tut (Lukas 17,10). Spiritualität heißt, das tun, was ich dem Augenblick schuldig bin, was ich dem andern, was ich mir selbst und was ich Gott schuldig bin. Oder noch nüchterner ausgedrückt: Spiritualität bedeutet, das zu tun, was dran ist. Das ist dann wahre Selbstlosigkeit. Wenn ich nur um meine spirituellen Techniken kreise, bin ich in Gefahr, unter dem Deckmantel meiner Spiritualität nur mein eigenes Ego aufzublähen. So geht es darum, ein starkes Ich zu entwickeln, dass ich aber immer wieder dazu bereit bin, loszulassen und mich auf das einzulassen, was gerade dran ist.

SELBSTLOSIGKEIT UND SELBSTFINDUNG

Du sagst, es geht im Leben darum, immer selbstloser zu werden. Wenn ich mir allerdings unsere Gesellschaft anschaue, in der es immer weniger Ehen und noch weniger Kinder gibt, dann habe ich das Gefühl, dass wir nicht nach Selbstlosigkeit, sondern nach Selbstfindung streben. Selbstlosigkeit scheint in unseren modernen Biografien kaum Platz haben.

Ich erinnere mich dabei an eine lebhafte Diskussion mit meinem ehemaligen Englischprofessor, der mir die Frage gestellt hatte, ob ich der Meinung sei, dass wir Menschen von Natur aus egoistisch oder selbstlos veranlagt sind. Ich argumentierte, dass wir wohl leider egoistisch veranlagt seien, dass wir auch scheinbar selbstlose Taten aus unbewusst egoistischen Motivationsgründen vollbringen. Unser Gehirn führt oftmals eine simple ökonomische Gefühlsrechnung durch: Ich mache, was mir etwas bringt. Das muss gar kein offensichtlicher Vorteil, sondern kann auch nur ein gutes Gefühl sein. Ich freue mich beispielsweise, wenn ich jemandem helfen kann, also helfe ich und fühle mich gut dabei. Wenn sich Helfen schrecklich anfühlen würde und man auch sonst keinen anderweitigen „Gewinn" weder für sich noch für eine Gruppe, der man sich zugehörig fühlt, erkennen könnte, würde man es nicht tun.

Manchmal muss ich mir in meinem Alltag als Mutter ehrlich eingestehen, dass ich die vielen kleinen Arbeiten nicht nur für meine Kinder erledige, sondern auch für mich: Dann lebe ich das Bild, dass ich von mir als Mutter habe. Dann fühle ich mich als die sorgende Mutter, die ich sein möchte. Wenn ich an manchen Nachmittagen den dritten Wäschekorb durch die Wohnung schleppe, bin ich von meinem Mutterbild allerdings auch nicht mehr so überzeugt.

In der Zeit nach der Geburt meiner ersten Tochter stellte ich mir oft die Frage, ob ich, wie so viele Mütter heutzutage, nicht doch anfangen sollte, wieder zu arbeiten, um an meiner Karriere zu basteln. Es wäre sicherlich finanziell die klügere Entscheidung gewesen. Aber ich habe mich damals trotzdem dagegen entschlossen – nicht nur, weil ich für meine Kinder da sein wollte, sondern weil es nicht mit meinem Mutterbild zusammengepasst hätte. Ich habe es also auch für mich gemacht, und daran muss ich mich beim dritten Wäschekorb immer wieder erinnern.

Der Dalai Lama sagte einmal, es gäbe weisen und törichten Egoismus, aber egoistisch seien wir alle. Kennen die Christen auch den „weisen Egoismus"? Und warum ist die Selbstlosigkeit für uns überhaupt so wichtig? Warum übt ihr als Mönche die

Selbstlosigkeit und wie können wir sie außerhalb des Klosters leben?

Sowohl im Christentum als auch im Buddhismus geht es darum, vom Ego frei zu werden, selbstlos zu leben. Für uns Christen bedeutet es: durchlässig sein für Jesus Christus. Aber es gibt kein absolut selbstloses Leben. C. G. Jung unterscheidet ja zwischen Ich und Selbst. Ich ist der bewusste Personkern: Ich will jetzt dorthin fahren, etwas essen oder mich erholen. Das Ego will sich in den Mittelpunkt stellen. Das Selbst ist der innere Personkern. Es ist die eigentliche Mitte. Für Jung ist in diesem Selbst auch das göttliche Bild vorhanden. Für uns Christen ist dieses Selbst das einmalige Bild, das Gott sich von jedem Einzelnen gemacht hat.

Von diesem Selbst soll man nicht frei werden. Das wäre ja eine Auflösung der Person. Man soll vielmehr vom Ego immer mehr zum Selbst kommen. Dabei hat das Ego natürlich auch eine positive Aufgabe. Es zwingt uns dazu, an uns zu arbeiten, etwas zu leisten, voranzukommen. Und natürlich ist das Ego bei allem beteiligt, was wir tun. Auch wenn ich einem andern helfe, bekomme ich etwas davon. Ich fühle mich gut. Ich erfahre Dankbarkeit. Aber man muss das Helfen genauer anschauen. Wenn ich dem andern helfe, damit es mir gut geht, dann benutze ich ihn für mich. Dann meine ich nicht wirklich den andern, sondern letztlich kreise ich immer nur um mein Wohlbefinden.

Die Gehirnforscher und die Biologen haben festgestellt, dass es im Menschen eine Veranlagung gibt, dem andern zu helfen. Natürlich ist dieses Helfen dann auch mit einem positiven Gefühl ausgestattet. Aber im Mittelpunkt des Helfens steht nicht das gute

Gefühl, sondern der Drang, dem andern zu helfen. Das ist in unserer Seele verankert.

In der Psychologie kennt man ja den Grundsatz: Wer viel gibt, der braucht auch viel. Viele geben dem andern Zuwendung, Hilfe, Unterstützung, weil sie selbst Anerkennung und Bestätigung brauchen. Und vielleicht brauchen sie auch das Gefühl, ein guter Mensch zu sein. Aber wenn ich gebe, weil ich brauche, dann bin ich schnell verausgabt. Nur wenn ich gebe, weil ich empfangen habe, weil ich in mir eine Quelle der Liebe habe, kann ich geben, ohne verausgabt zu werden. Aber bei allem, was wir tun, wird das Ego mitbeteiligt sein. Das können wir nicht verhindern. Es geht nur darum, das Ego im Tun immer wieder zu relativieren.

Ein Beispiel: Wenn ich eine Predigt halte, möchte ich natürlich, dass die Zuhörer zufrieden sind. Und es freut mich, wenn nachher jemand die Predigt lobt. Aber wenn ich predige, um gelobt zu werden, merkt man das der Predigt an. Dann ist das eine eitle Selbstinszenierung. Genauso skeptisch aber bin ich, wenn jemand sagt: Ich predige nur das Wort Gottes. Ich bin nur das Sprachrohr Gottes. Es geht mir absolut nicht um Anerkennung. Dann merkt so jemand gar nicht, wie er sein Ego aufbläht, wie er sich über alle anderen erhebt. Das Ego ist beim Predigen immer dabei. Aber indem ich es spüre, sage ich: Es geht jetzt nicht um mich – obwohl es natürlich schön wäre, wenn die Predigt ankommt –, sondern darum, dass die Menschen berührt werden. Aber das Ego wird mich dazu führen, dass ich mich gut vorbereite, achtsam spreche und mir die Menschen vorstelle, zu denen ich spreche.

So ähnlich ist es mit Deiner Arbeit als Mutter. Es ist schön, wenn Du Dich gut fühlst, wenn Du für Deine Kinder da bist. Aber spätestens beim dritten Wäschekorb merkst Du, dass das gute Gefühl allein kein wirksamer Antreiber mehr ist. Da kommst Du dann an den Punkt, an dem Du sagst: Ich mache es nicht nur für mich, sondern für meine Familie. Ich versuche jetzt, mein Ego zurückzustellen und durchlässig zu sein für die selbstlose Liebe. Es gibt also nicht die reine Selbstlosigkeit, sondern immer nur den Versuch, mitten im Tun und Denken und Reden und Schreiben das eigene Ego zurückzustellen und durchlässig zu werden für etwas Größeres, für eine Idee. Oder für uns Christen: für den Geist Jesu.

Du sprichst von dem einmaligen Bild, das Gott sich von jedem einzelnen von uns gemacht hat. Außerdem sagst Du, dass wir unser Ego und die Bilder, die wir von uns selbst haben, und die, die andere von uns haben, immer wieder zur Seite schieben müssen, um unser wirkliches Ich zu finden.

Jetzt könnte ich aber behaupten, dass diese ursprüngliche Idee, die man tief verborgen in sich trägt, eigentlich auch von außen geprägt ist. So hatte eine Frau vor 500 Jahren vielleicht ein ganz anderes Bild in sich, da meinte sie eine ganz andere innere Stimme zu hören, als eine Frau im 21. Jahrhundert. Unsere Umwelt macht sich ja nicht nur Bilder von uns und bewertet uns danach, sondern wir entwickeln unser Selbstbild auch im Bezug auf unsere Umwelt. Wir haben ja anfangs schon von der Idee des Traumträgers gesprochen, d. h. dass wir die unerfüllten Träume und Sehnsüchte unserer Eltern unbewusst aufgreifen und manchmal zu unseren eigenen Aufgaben machen.

Ein anderes, konkretes Beispiel: Eine junge Frau hatte als Kind schon immer gerne in der Küche experimentiert und wäre liebend gerne Gastwirtin mit einem eigenen kleinen Restaurant geworden. Sie liebt den Umgang mit frischen Nahrungsmitteln und Kräutern und bewirtet gerne Gäste. Sie ist aber auch mit vielen Geschwistern aufgewachsen und wünscht sich deshalb eine große Familie. Leider haben ihre Kinder keine Lust auf ihre kreativen Rezepte, sondern wünschen sich bitteschön nur die Küchen-Klassiker: Spaghetti und Schnitzel. Da kann sie sich noch so oft sagen, dass sie ihrem ursprünglichen Bild auch als Mutter ihrer Kinder nachgeht, sie wird trotzdem Frustrationsgefühle erleben.

Familien- und Berufswunsch passen in ihrem Fall einfach nicht zusammen. Natürlich könnte sie sich Hilfe für die Kinder ins Haus holen, aber dann lebt sie ein anderes Mutterbild, als sie es sich eigentlich gewünscht hat. Sie könnte auch geduldig mit ihrem Berufswunsch erst einmal warten, bis ihre Kinder aus dem Haus sind, aber dann wäre sie schon um die 50 und hätte für diesen anstrengenden Beruf vielleicht nicht mehr die notwendige Energie.

Das Bild, das sie von sich als Mensch in sich trägt hat also Facetten, die nicht zusammen passen. Außerdem ist ihr Selbst-Bild auch von ihrer Erfahrung mit ihrer eigenen umsorgenden Mutter geprägt, die immer für sie da war. Sie fühlt sich also gespalten zwischen ihrem Bild von sich als Mutter und dem inneren Drang nach ihrer eigenen, anderen Wahrheit. Und beide gehören zu ihr. Wie kann so eine Frau herausfinden, welches einmalige Bild sich Gott von ihr gemacht hat? Inwieweit können also auch historische Entwicklungen einen Einfluss darauf haben, wie wir unser inneres Bild interpretieren? Welches Bild, meinst Du, hat Gott sich von Dir gemacht?

Das einmalige Bild, das Gott sich von jedem Menschen macht, kann man nicht beschreiben. Es ist mehr als ein bestimmtes Mutterbild oder als das Bild einer Frau, die gerne Gäste mit frischen Nahrungsmitteln bewirtet. Diese Bilder, von denen Du schreibst, sind Konkretisierungen des Urbildes. Diese konkreten Bilder sind natürlich zum einen abhängig von der Umwelt, dann von den Eltern, aber auch von dem, was ich als Kind ursprünglich gespürt habe. Für mich sind die kindlichen Erfahrungen durchaus wichtig, in denen ich ganz fasziniert etwas tun konnte, ohne müde zu werden. Wenn ich mich an solche Erfahrungen erinnere, komme ich mit Bildern in Berührung, die mir helfen, heute meine Arbeit zu tun. Ich habe als Kind leidenschaftlich gern versucht, etwas zu basteln, z. B. eine Bank zu bauen, oder alles Mögliche auszuprobieren. Dieses Bild hilft mir heute, auch meine Arbeit in der Verwaltung kreativ zu verstehen, etwas auszuprobieren und nicht einfach das zu tun, was alle tun. Aber das ist ein äußeres Bild. Das ist noch nicht das einmalige Bild, das Gott sich von mir gemacht hat. Das äußere Bild ist sicher auch abhängig von meinem Vater, der ja auch ein mutiger, freiheitsliebender und kreativer Mensch war, der Neues ausprobiert hat.

Aber das einmalige Bild, das Gott sich von mir gemacht hat, kann ich nicht mehr beschreiben. Ich ahne etwas von diesem Bild, wenn ich ganz still werde und in mich hineinhorche. Dann sehe ich nicht bestimmte Bilder, sondern ich spüre eine innere Stimmigkeit, einen Einklang mit mir selbst. Da komme ich in Berührung mit meinem wahren Selbst. Wie dieses Selbst sich dann im konkreten Leben äußert, ist eine andere Frage. Die Bilder der Kindheit helfen uns, für unser jetziges Tun ein gutes Bild zu finden, das uns mit der inneren Quelle in Berührung bringt. Eine Frau, die im Hotelservice arbeitet, erzählte mir, dass sie als Kind gerne Höhlen gebaut hat und sich darin geborgen hat. Das ist für sie jetzt ein Bild für ihre Tätigkeit:

Für die Gäste im Hotel schafft sie einen mütterlichen Rahmen, in dem sie sich wohlfühlen und Geborgenheit erfahren. Aber das einmalige Bild Gottes in dieser Frau liegt noch tiefer. Es führt sie zu ihrem Personkern.

Jeder Mensch ist eine einmalige Person. Romano Guardini sagt: Gott spricht über jeden Menschen ein „Passwort", das nur für diesen Menschen passt. Und unsere Aufgabe ist es, dieses Wort in der Welt vernehmbar werden zu lassen. Es ist letztlich eine spirituelle Aufgabe, mit diesem einmaligen Bild in Berührung zu kommen und meine einmalige Lebensspur in diese Welt einzugraben.

Deine Gedanken zur einmaligen Lebensspur erinnern mich an meine Oma: Deine Mutter, die durch ihre kommunikative Art viele Brücken gebaut hat. Eine Frau, die mit ihrem Lachen Menschen anstecken und mit ihrer kräftigen Singstimme in der Kirche andere lauthals übertönen konnte. Wahrscheinlich war sie sich nie ihrer einmaligen Lebensspur bewusst.

Wie wichtig ist es überhaupt, dass wir uns unserer Einmaligkeit bewusst sind? Oder ist es vielleicht so, dass wir, wenn wir unserem Gewissen und unserer inneren Stimme folgen, im Nachhinein erkennen, welche Rolle uns zugeschrieben wurde?

Meine Mutter war einfach mit sich im Reinen. Sie stammte von einem Bauernhof, und sie stand mitten im Leben. Sie hat schlicht von ihrer Mitte aus gelebt, oder anders gesagt: aus ihrem Herzen heraus. Sie hat sicher weniger über ihre Lebensspur nachgedacht und auch nicht über das einmalige Passwort, das Gott über sie gesprochen hat. Aber sie hat durchaus über ihr Leben reflektiert. Nach dem Tod meines Vaters hat sie noch fast 30 Jahre gelebt. Und in dieser langen Zeitspanne hat sie sich immer wieder neu Gedanken über sich und ihre Aufgabe gemacht. Sie hat sich durch bestimmte Lieder und biblische Texte ansprechen lassen. Darin hat sie sich selbst gespürt. Sie hat einmal erzählt, dass sie jeden Morgen zwei Gebete langsam spricht. Das eine Gebet war immer für ihren verstorbenen Mann, das andere war ein längeres Morgengebet. Damit hat sie Gott gebeten, dass sie an diesem Tag achtsamer lebt, dass sie niemanden entmutigt und dass sie ruhig und gelassen bleibt. Täglich hat sie dafür gebetet, bewusst diesen Tag zu leben, offen und vertrauensvoll den Menschen zu begegnen.

Es ist nicht notwendig, den inneren Raum der Stille in sich zu entdecken und dort das wahre Selbst zu finden. Aber das Gebet als Reflexion über das, was ich tue, ist sicher ein guter Weg, die eigene Lebensspur zu entdecken. Manche Menschen brauchen auch weniger über sich nachzudenken. Da hat man den Eindruck: Die sind einfach in ihrer Spur. Sie haben ihr Leben gefunden. Oder es war ihnen von Anfang an klar, wie sie leben möchten. Ich begegne manchmal alten Menschen, die einfach in sich stimmig sind. Denen will ich auf keinen Fall irgendeinen Weg der Meditation oder Selbstreflexion beibringen. Ich freue mich vielmehr, dass da ein Mensch vor mir steht, der sein Leben gelebt hat, der seine Spur eingegraben hat.

Meine Mutter war sicher so jemand, der mitten im Leben stand. Sie hatte etwas an sich, das einfach gelebt werden wollte. Auf der anderen Seite hat sie durchaus regelmäßig ihr Leben reflektiert. Da war das Gebet und der tägliche Gottesdienst, in dem sie ja auch über sich nachgedacht hat. Und da war das wöchentliche Treffen mit den anderen Frauen, die miteinander Kaffee tranken und sich einfach über ihr Leben ausgetauscht haben. Manchmal hat sie mir davon erzählt, wie offen sie über die Schwierigkeiten gesprochen haben, die sie im Leben hatten. Da lief nicht alles glatt. Jede von ihnen hat ihre eigene Lebensphilosophie gehabt. Sie haben sicher nicht so viel reflektiert wie wir heute. Aber für sie war es selbstverständlich, Probleme und Konflikte aus dem Glauben heraus zu überwinden. So haben sie mehr und mehr zu ihrer Lebensspur gefunden.

Für mich steht die eigene Lebensspur immer in Beziehung zum Umfeld. Es geht nicht darum, welche Errungenschaften und Erfolge ich am Ende des Tages aufweisen kann, sondern inwieweit ich zum Beispiel Glück und Freude, Geborgenheit und Unterstützung verbreiten konnte. Es geht um die geistigen und emotionalen Fußstapfen, die ich hinterlasse. Wenn es nur um mich allein ginge, wäre meine persönliche Aufgabe im Leben irgendwie hohl und leer.

Jeder von uns hat durchaus unterschiedliche Beziehungen zu den Menschen in seinem Umfeld. Vielleicht hat eine Mutter zu einem ihrer Kinder einen richtig guten Draht, aber mit einem anderen kommt sie einfach nicht zurecht. Genauso ist es unter Kollegen und Geschwistern. Unterschiedliche Menschen haben jeweils ihre ganz eigene, individuelle Beziehung zu ein und derselben Person – und jeder sieht sein Gegenüber in einem anderen Licht.

Wenn wir auf grausame Menschen schauen, scheint es schlichtweg unfassbar, dass auch sie von Menschen in ihrem Umfeld innigst geliebt werden. Genau an diesem Punkt habe ich Schwierigkeiten, mir dieses einmalige Passwort, das Gott jedem zuspricht, vorzustellen. Wie erklärst Du dieses Paradox? Oder hat dieses göttliche Bild am Ende überhaupt nichts mit unserem Wirken auf unser Umfeld zu tun?

Es gibt Menschen, die stehen nicht in Beziehung zu ihrem einmaligen Passwort – für sie ist das einmalige Bild Gottes in ihnen total verdunkelt oder verstellt. Oft liegt der Grund dafür in ihrer frühen Kindheit. Sie sind als Kind so verletzt und in ihrer Würde entwertet worden, dass sie durch all die Verletzungen überhaupt nicht den Weg zu ihrem inneren Grund finden. So geben sie die Verletzungen einfach weiter. Das heißt nicht, dass das immer so sein muss. Jeder Mensch wird in seinem Leben irgendwann seelisch verletzt. Aber unsere Verantwortung ist es, uns mit diesen Verletzungen auszusöhnen, oder – wie Hildegard von Bingen es sagt – die Wunden in Perlen zu verwandeln.

Manche möchten diesen schmerzlichen Weg der Menschwerdung nicht gehen. Sie bleiben so sehr in ihren Verletzungen stecken, dass sie sich bei anderen Menschen dafür rächen. Albert Görres, ein Münchner Psychiater, sagte einmal: „Oft ist das Böse, das von diesen Menschen ausgeht, ein Begleichen alter Rechnungen bei den verkehrten Schuldnern." Man möchte eigentlich den Eltern zurückzahlen, was sie einem angetan haben. Aber da die Eltern entweder nicht mehr da sind oder man Angst hat, ihnen gegenüber Wut zu zeigen, agiert man die Kränkung an anderen aus und kränkt sie.

Das klingt auf den ersten Blick harmlos. Aber je mehr Macht ein Mensch hat, desto größeres Unheil kann von ihm ausgehen, wenn er nicht bereit ist, sich der Wahrheit seiner Lebensgeschichte zu stellen, sondern einfach auslebt, was ihm angetan worden ist. Ein verbrecherischer Mensch könnte in seiner Wut die ganze Welt in

Brand setzen, aber er wird damit seinen Vaterhass doch nicht los. Am Ende richtet er viel Unheil an. So ein Mensch vermag es nicht, durch das eigene innere Chaos in den Raum der Stille zu gelangen. Denn dort würde er ja seiner Wahrheit begegnen. Und die ist für ihn unerträglich.

Daher sehe ich als meine Aufgabe, Menschen mit sich selbst und ihrer Lebensgeschichte zu versöhnen. Nur so können sie das ursprüngliche Bild in sich entdecken. Nur so könnte ihre Lebensspur vielleicht sogar eine Spur des Segens werden. Andernfalls wird es eine Spur der Verwüstung, der Zerstörung, des Hasses und der Bitterkeit.

Wir dürfen nicht über andere Menschen urteilen, weil wir nicht wissen, wie tief ihre Verletzungen sind. Aber in jedem Menschen ist auch die Freiheit, sich gegen die Zerstörung und für die Versöhnung zu entscheiden. Wenn ein böse gewordener Mensch mit seinem inneren Bild in Berührung kommt, wird sein ganzes Lebensgebäude zerbrechen. Er kann sich dann nicht mehr mit seinem Hass identifizieren. Das ist die Freiheit, die Gott dem Menschen geschenkt hat: Er muss sich entscheiden: für das Leben und gegen den Tod, für das Gute und gegen das Böse, für sein einmaliges Bild und gegen das Zerrbild.

Ich stelle mir es so vor: Unser göttliches Bild ist grundsätzlich immer von Liebe und Gutmütigkeit, von Lebendigkeit und Kraft geprägt. Wenn wir herausfinden, was uns im täglichen Leben daran hindert, diese positiven Lebensenergien auch tatsächlich zu leben, halten wir den Schlüssel zu unseren alten Verletzungen in der Hand. So macht dieses Paradox für mich auch Sinn:

Unser göttliches Bild hat an sich nichts mit unseren Beziehungen zu unseren Mitmenschen zu tun. Aber nur durch unsere Gefühle im Kontakt zu anderen können wir herausfinden, wie unser Gottesbild wirklich aussieht. Oder besser gesagt – wir finden heraus, was uns eifersüchtig, wütend, ärgerlich, verletzt und traurig macht und können daraus Rückschlüsse über uns selbst ziehen.

Das heißt allerdings für mich auch, dass wir ohne Eigen-Reflexion vielleicht ständig auf den falschen Bahnen laufen. Denn wenn ich deiner Erklärung folge, kann es uns durchaus passieren, dass wir von einem Zerrbild in uns geleitet werden und nicht von unserem göttlichen Bild. Dann fühlen wir uns vielleicht pudelwohl, weil wir meinen, genau den richtigen Partner für uns gefunden zu haben. Und wir merken erst später, dass wir uns wieder mal den Typ Mensch geangelt haben, der unser altes Lebensschema fortsetzt. Oder wir rackern uns ab, laufen vielleicht sogar auf einen Burn-Out zu und tun eigentlich bei all dem nichts anderes, als unserem Minderwertigkeitsgefühl entgegenzusteuern. Nur so kann man sich ja die irrsinnige Realität vieler erklären, die ihre Gesundheit, Ehe- oder Familienleben aufs Spiel setzen, um beruflichen Erfolg zu erlangen oder einer kurzen Liebesaffäre hinterherzujagen.

Als Mutter bin ich allerdings kritisch, wenn es heißt, dass Verletzungen immer durch die Eltern geschehen. Sicherlich haben Eltern meistens den engsten Kontakt zu ihren Kindern, und wie in allen menschlichen Beziehungen schleppen sie ihre Geschichte mit den eigenen Eltern in die persönliche Elternrolle mit. Aber eine Eltern-Kind-Beziehung ist keine passive Angelegenheit, in der das Kind einfach so seelische Verletzungen durch die Eltern erfährt. Kinder kommen schon mit ihrer ganz eigenen Persönlichkeit auf die Welt, und deshalb kann sich die Dynamik zwischen Eltern und Kind in manchen Familien als schwierig erweisen. Wir kennen es von unseren Geschwistern und Verwandten: Trotz ähnlichen Genmaterials kommen wir mit dem einen einfach besser aus als mit dem anderen. In einer Familie müssen unterschiedlichste Charaktere unter einem Dach für knapp 20 Jahre zusammen leben. Die Kinder müssen lernen, dass sie die Regeln der Eltern wohl oder übel akzeptieren und ihnen gestellte Aufgaben annehmen müssen, denn bei Nichteinhaltung ist mit Taschengeldentzug, Fernsehverbot oder der Höchststrafe – der Handy-Abgabe – zu rechnen.

Die meisten Eltern möchten ihren Kindern Gutes tun – sie aufs Leben vorbereiten. Kinder möchten aber so bleiben, wie sie sind. Dass es dann zu Auseinandersetzungen und vielleicht auch Verletzungen kommt, ist klar.

Mutter zu werden war für mich auch ein wichtiger Schritt, meine eigenen Eltern als Menschen zu erkennen, die nicht auf irgendeinem Thron der Allwissenden sitzen, sondern selbst auch noch viele unbeantwortete Fragen über das Leben haben. Mutter zu werden hat mir also geholfen, mich meiner eigenen Lebensverantwortung zu stellen.

Indem Eltern oftmals viel Verantwortung für alles zukünftige Glück und Pech im Leben ihrer Kinder aufgehalst wird, dürfen sie nicht mehr einfach sie selbst sein. Wenn ich mir die Geburtenraten in Deutschland ansehe, dann habe ich den Eindruck, als ob kaum mehr Paare Lust dazu haben, diesem hohen Erwartungsdruck gerecht zu werden. Deshalb ist die eigene Entscheidung zur Selbstverantwortung, von der Du sprichst, in meinen Augen so besonders wichtig: das Leben zu wählen und nicht den Tod, das Gute anstatt das Böse, das einmalige Bild anstatt das verzerrte.

Ja, wir sind uns einig, dass es schwer ist, durch all die Bilder, die uns andere übergestülpt haben und die wir uns auch selbst überstülpen, das eigentliche Bild zu entdecken. Wenn ich dies erkenne und ändere, dann lebe ich nicht mehr die gleichen Muster von Minderwertigkeit, dann suche ich nicht mehr die Schuld immer bei mir. Dann fließt das Leben. Aber das gelingt nicht immer. Und wir sind ständig dabei, durch die fremden Bilder zum eigentlichen zu kommen. Das ist ein lebenslanger Prozess.

Du hast recht: Manche Mütter stehen unter einem zu hohen Erwartungsdruck. Manche von ihnen haben psychologische Bücher und Ratgeber gelesen. Dann wollen sie als Eltern alles ganz richtig machen und machen es gerade deshalb falsch. Denn, da bin ich völlig bei Dir: Ich darf als Mutter und Vater auch ganz Mensch sein, bedürftig, begrenzt, mit allen meinen Gefühlen und Leidenschaften. In der Entwicklung des Kindes geht es nicht ohne Krisen und Verletzungen ab. Sie gehören dazu. Sie machen uns stärker, wenn wir sie als das annehmen, was sie sind: als Herausforderungen, an den Grenzen zu wachsen, die es in einer Familie einfach geben muss. Sonst würde alles grenzenlos und konturlos. Und es würde sich nie ein Mensch entwickeln, der sein Leben so strukturieren und gestalten kann, dass er damit zufrieden und glücklich wird.

MIT DER EIGENEN GESCHICHTE LEBEN

Da wir gerade bei der Beziehung zu Mutter und Vater sind, habe ich noch eine Frage zu diesem Thema: Es kommt mir so vor als ob auch bei Euch im Kloster eine Mutter- und Vaterbeziehung weiterhin gelebt wird. Zum einen werdet Ihr verpflegt – Ihr müsst Euch nicht eigenhändig um Eure Mahlzeiten kümmern und Ihr müsst Euch auch nicht darum sorgen, ein Dach über dem Kopf zu haben. Das Kloster übernimmt für Euch sozusagen eine mütterliche Rolle.

Zum anderen habt Ihr einen Abt, der Euch Anweisungen geben kann, den Ihr bei Sonderwünschen, wie zum Beispiel geplanten Ausflügen, um Erlaubnis fragen müsst und der durch seine Richtlinien die Ordnung des hl. Benedikt im Klosterleben sicherstellt. Darin sehe ich so etwas wie eine väterliche Instanz.

Da wir alle unsere Beziehung zu den eigenen Eltern mit in unser Erwachsenenleben schleppen, würde ich gerne von Dir wissen, inwieweit diese Konflikte mit Vater und Mutter auch für Euch Mönche im Kloster wieder auftauchen?

Das ist auf jeden Fall so. Jede Gemeinschaft, jede Institution, hat etwas Mütterliches an sich. Wir sprechen ja auch von der Universität als „alma mater". Und auch im Kloster gibt es manche junge Männer, die eine zu große Mutterbindung haben. Sie gehen von einer mütterlichen Bindung zur anderen und werden am Ende nicht erwachsen, sondern bleiben Kinder. Manchmal müssen diese Männer dann, wenn sie wirklich erwachsen geworden sind, aus dem System ausscheren, in unserem Fall aus dem Kloster austreten, um sich von der bestehenden, für sie nicht heilsamen Bindung zu lösen. Deshalb haben wir das Eintrittsalter für unsere klösterlichen Gemeinschaften heute auch hinaufgesetzt, sodass sich jeder, der sich für unsere Art zu leben interessiert, bereits in der Welt bewähren konnte.

Die in der Kindheit erlebte Vaterbeziehung wirkt sich natürlich auch im Verhältnis zum Abt und überhaupt zu jeder Autorität aus. Der Vater hat ja die Aufgabe, den Kindern den Rücken zu stärken und ihnen Vertrauen zu schenken, damit sie das Leben selbst in die Hand nehmen. Wenn junge Männer „vaterlos" aufgewachsen sind, weil der Vater nicht präsent oder schwach war, dann fehlt ihnen das Rückgrat. Und sie haben ein Grundmisstrauen, vor allem jeder Autorität gegenüber. Solche Männer legen jede Anweisung des Abtes deshalb als willkürlich getroffene Entscheidung aus. Sie haben ständig den Eindruck, der Abt hätte etwas gegen sie. Und wenn der Abt selbst an einer Vaterwunde leidet, dann ist er entweder konfliktscheu und entscheidungsschwach – oder er wird autoritär. Autoritär zu sein ist ja das Gegenteil von Autorität. Autorität kommt von „augere = mehren, wachsen lassen". Wer Autorität hat, wird nicht autoritär, sondern lässt die Mönche wachsen, jeden in seine einmalige Gestalt.

Das Väterliche spielt aber im Kloster noch eine andere Rolle. Das Bild des Vaters bringt mich in Berührung mit meinen Fähigkeiten, andere zu stützen. Ich erlebe mich als Seelsorger oder geistlicher Begleiter oft auch in der Vaterrolle. Das gilt nicht nur bei jungen Menschen, die mir voller Vertrauen ihr Leben erzählen und von mir gerne eine Stärkung erfahren. Es gilt auch bei erwachsenen Menschen, die mir ihre Probleme anvertrauen. Da kommt in mir manchmal auch ein Vatergefühl auf. Sie brauchen jemanden, dem sie vertrauen und an den sie sich anlehnen können. Das Gefühl nehme ich wahr und kann es auch genießen. Aber ich weiß, dass ich mich nicht mit der Vaterrolle identifizieren darf. Sonst benutze ich die Gesprächspartner, um mein Vaterbild und damit unbewusst meine eigenen Bedürfnisse nach Nähe und Macht auszuleben.

Ich kenne Therapeuten, die selbst keine Kinder haben, aber durch ihre Tätigkeit anderen dabei helfen, ein gutes Leben zu führen, so wie es sonst vielleicht eine Mutter oder ein Vater tun würde. Meines Erachtens kann man sich, gerade wenn man die Rolle als Vater oder Mutter wirklich annimmt, erst richtig mit seiner eigenen Elterngeschichte auseinandersetzen.

Ich kenne das auch von mir: Ich habe mir früher nie viel Gedanken über meine Elternbeziehung gemacht, meinte, meine Kindheit wäre das Non-Plus-Ultra gewesen, meine Eltern unantastbar. Erst als unsere erste Tochter geboren wurde, haben mein Mann und ich uns noch einmal intensiv mit unseren jeweiligen Mutter- und Vater-Beziehungen auseinandergesetzt und dann eine neue Form für uns beide gefunden. Wir mussten feststellen, was uns gut und weniger gut getan hat, was wir weitergeben und an welchen Punkten wir einen neuen Ansatz versuchen wollten. Manchmal gingen solche Experimente auch kläglich daneben. In der Elternrolle haben wir unsere eigenen Schwächen akzeptieren lernen müssen und konnten dadurch auch Fehler unserer Eltern verzeihen.

So geht es wohl auch vielen anderen: Ein Mann erzählte mir davon, dass er die distanzierte Art seines Vaters immer als normal betrachtet hätte. Mit seinen eigenen Kindern musste er aber feststellen, dass er selbst ein starkes Bedürfnis nach Nähe und Gemeinschaft hatte, sodass die Distanz, die er selbst zu seinem Vater hatte, für ihn nachträglich zu einer Wunde wurde. Er erlebte schmerzhaft, was er unbewusst bislang vermisst hatte.

Oft halten wir an überhöhten Idealen fest, die wir eben aus der eigenen Kindheit so gewöhnt sind, ohne zu hinterfragen, ob sie auch wirklich für uns passen. Diese Ideale loszulassen und sich selbst zuzugestehen, dass man anders ist und sein darf, kann sehr befreiend sein.

Ich bin bewusst in ein Land ausgewandert, in dem man sich von allen Konventionen lösen kann, wenn man möchte – solange man nicht aufs Nacktbaden besteht oder unbedingt mit Alkohol auf der Straße herumwandern möchte. Ansonsten hat man in den USA im Großen und Ganzen viel Spielraum, einfach so zu sein, wie man möchte. Oft bin ich durch den Supermarkt gegangen und habe Menschen in ihren Hausschuhen beim Einkaufen beobachtet und dabei meine innere Kritikerin gehört, die sagte, dass man doch so nicht herumlaufen könne. Gleich gefolgt von der Frage: Wieso eigentlich nicht? Wer ist denn überhaupt für die Regeln zuständig, wie man im Supermarkt erscheinen darf?

So ähnlich war meine Erfahrung mit dem Mutterwerden auch. Diese innere Auseinandersetzung zwischen großem Freiheitsdrang und einer kritischen Stimme in mir ist ja auch eine Möglichkeit, sich von den Maßstäben der Eltern zu lösen und seine eigenen zu finden.

Obwohl wir natürlich immer Tochter oder Sohn bleiben, wird man durch diese innere Auseinandersetzung auch mehr zum wahren Menschen und respektiert die eigenen Eltern als ein neues Gegenüber. Ohne die Elternrolle selbst in irgendeiner Weise zu leben, ob mit eigenen Kindern, in beruflichen Zusammenhängen oder im Einsatz für andere – wohltätige Zwecke –, wird man es nicht verstehen, weiter an abstrakten Idealen festhalten und vielleicht die Eltern für ihre Art zu handeln kritisieren.

Du hast gesagt, dass es nicht gut ist, wenn Du Dich als Seelsorger mit einer Vaterrolle identifizierst. Das verstehe ich grundsätzlich schon, besonders wenn es um Nähe und Macht geht. Aber wenn dabei anderen, die sich nach einem väterlichen Gegenüber sehnen, geholfen wird und gleichzeitig dein eigenes Bedürfnis nach

Väterlichkeit gestillt wird, würde ich gerne von Dir wissen, wo in dieser Situation der emotionale Stolperstein verborgen liegt.

Als väterliches Gegenüber für Menschen, die zu mir voll Vertrauen kommen, fühle ich mich durchaus wohl. Ich spüre, dass mich das Väterliche auch erfüllt. Und so komme ich in Berührung mit dem, was ein Vater sonst für seine Kinder ist. Wenn ich schreibe, dass ich mich mit meiner Vaterrolle nicht identifizieren darf, dann meine ich Folgendes: Ich bin nicht *nur* Vater und nicht *immer* Vater. Und ich denke immer an die Mahnung von C. G. Jung, der sagt: Wer sich mit dem archetypischen Bild des Helfers, des Heilers oder auch des Vaters identifiziert, der ist blind für das, was er dann auslebt. Die archetypischen Bilder sind wichtig, damit wir mit unseren Fähigkeiten in Berührung kommen. Der Archetyp des Vaters bringt mich mit meinen väterlichen Qualitäten in Berührung. Dafür bin ich dankbar. Und dieses Bild fülle ich auch aus. Aber ich habe Priester erlebt, die sich mit dem Archetyp des Heilers identifiziert und damit ihre eigenen Bedürfnisse nach Nähe und Intimität ausgelebt haben. Das war für die Hilfesuchenden nicht heilsam. Sie haben gemerkt, dass er sie benutzt, um sich selber groß vorzukommen, oder seine unterdrückten Wünsche nach Intimität auslebt. Oder ich habe Gurus erlebt, die sich mit diesem Archetyp des Gurus oder des geistlichen Vaters identifiziert haben. Sie brauchten ihre Schüler und Schülerinnen, um sich selber gut zu fühlen und sich großartig vorzukommen.

Es geht immer darum, dass den Menschen geholfen wird. Der Guru hilft sicher eine Zeit lang seinen Schülern und Schülerinnen. Aber die Frage ist, ob es eine dauerhafte Hilfe ist. Oft werden die Schüler dann abhängig und brauchen einander. Oder wer sich mit dem

Archetyp des Heilers identifiziert, der kann durchaus eine Zeit lang dem Klienten helfen. Aber irgendwann merkt dieser, dass es ihm dabei nicht gut geht. Das Ausleben eines Archetyps des Heilers oder Helfers war übrigens oft der Grund für sexuellen Missbrauch von Priestern, Lehrern und Erziehern. Der Archetyp hat sie dafür blind gemacht, dass sie ihre sexuellen Bedürfnisse am Kind ausleben. Sie haben das vor sich selbst mit dem Bild des Heilers gerechtfertigt. Deshalb bin ich sensibel für den Unterschied: Gerne möchte ich meine Vaterrolle bewusst und dankbar ausleben und den Menschen damit einen Raum des Vertrauens eröffnen, der ihnen guttut Mich mit dem Archetyp des Vaters völlig zu identifizieren und mich als allwissend zu fühlen, als außergewöhnlicher Ratgeber oder einfach als der Starke, zu dem alle kommen, das darf nicht sein.

Du bist auch nicht nur Mutter. Es ist wichtig, dass Du Deine Rolle gut ausfüllst, dass Du wirklich für Deine Kinder Mutter bist und ihnen Geborgenheit und Urvertrauen schenkst. Aber wenn Du ganz in der Mutterrolle aufgehst, wirst Du Deine Kinder nicht loslassen können, wenn es an der Zeit ist. Dann brauchst Du Deine Kinder, um dein Muttersein auszuleben. Du bist eine gute Mutter, wenn Du auch andere Seiten an Dir entfaltest. Indem Du jetzt schreibst, lässt Du ja schon eine andere Seite an Dir zu. Das tut auch sicher Deinen Kindern gut.

Hier sprichst Du sicherlich einen wichtigen Punkt für viele Mütter an: Wir *wollen* Mutter sein, es fordert unsere ganze Aufmerksamkeit und in den meisten Fällen auch einen Großteil unserer Zeit. Natürlich wollen wir auch gerne noch andere Seiten leben, spüren eine tiefe Leere in manchen Bereichen, aber zwischen Schulalltag und Wäschebergen, zwischen „Taxidienst" und „Raubtierfütterungen" kommt die anderen Talente der Familienmanagerin oft zu kurz. Viele Frauen umgehen dieses Dilemma heutzutage, indem sie nach kurzer Elternzeit wieder nahtlos zur Arbeitsstelle zurückkehren. Oft haben sie dann Schuldgefühle, weil sie ihre Mutterrolle nicht so ausleben können, wie sie es eigentlich möchten. Die beruflichen Anforderungen entsprechen nicht ihrer biologischen Uhr. Und sie sind gestresst – denn Arbeitsalltag, Kinderalltag und Ehealltag auf Dauer glücklich unter einen Hut zu bringen ist ein Kunststück, das erst einmal gemeistert werden muss. Jemand sagte einmal lachend zu mir: Liebe, Kinder, Karriere – du kannst dir zwei davon aussuchen!

Trotzdem hast Du absolut recht: „Nur" Mutter sein kann für manche auf Dauer zu einseitig werden, genauso wie es langweilig wäre, „nur" Banker oder „nur" Arzt zu sein. Das heißt nicht, dass die Mutterrolle nicht wertvoll genug wäre, sondern dass sie auf Dauer für viele nicht alle emotionalen Bedürfnisse abdecken kann. Dann werden wir unausgeglichen und fokussieren uns zu stark auf andere. Wir erdrücken sie vielleicht mit unseren ungenutzten Energien, nörgeln an ihnen herum. Meiner Erfahrung nach sind die stärksten Kritiker oft diejenigen, die nicht mit sich im Reinen sind, die nicht mit sich im Einklang leben, die ihre Leidenschaften unterdrückt haben. Aber es gibt nun mal Lebensphasen, in denen nicht alles glatt läuft, in denen nicht alle emotionalen Bedürfnisse abgedeckt werden oder in denen man einfach zu müde ist, um überhaupt über zusätzliche Dinge nachzudenken. Solche Phasen kenne ich auf jeden Fall, und mein Mann hat gelernt, in diesen Zeiten einen weiten Bogen um mich herum zu machen.

Ich habe Geduld lernen müssen – meine zugegebenermaßen schwächste Eigenschaft, ein Thema, das ich immer noch nicht gänzlich gemeistert habe. Als „Widderkind", will ich immer mit dem Kopf durch die Wand, und am liebsten sofort. Darauf zu vertrauen, dass alles zu seiner rechten Zeit kommen wird und dass man Entwicklungen nicht unbedingt beschleunigen muss, war für mich ein schwerer Lernprozess.

Aber man kann sich ja in der Wartephase ablenken: So habe ich mich zur passionierten Sportlerin entpuppt, als meine Kinder noch sehr klein waren. Ich musste lernen, Leidenschaft für Dinge zu entwickeln, die nichts mit den Kindern oder meinem Partner zu tun haben. Jetzt sind meine Kinder in einem Alter, in dem sie mich nicht mehr so viel brauchen, und die Entwicklung zum Schreiben lief plötzlich von ganz alleine und ohne Druck. Es war einfach die richtige Zeit.

Ich habe die Wartephase im Nachhinein auch dankbar als Geschenk empfunden: „Nur" Mutter zu sein brachte mich mit meinem eigenen Selbstwert in Berührung. Ich musste mich immer wieder fragen, wer ich ohne berufliches „Aushängeschild" bin und welchen Wert ich mir selbst zuschreibe. Diese Seelenreise fiel mir auf jeden Fall leichter, weil ich mich von meinem Mann geliebt fühlte, einfach nur so wie ich war, ohne Job, mit verwuschelten Haaren inmitten eines Haufens von Lego-Spielsachen.

LIEBE UND LEBENDIGKEIT

Für uns alle geht es, wir haben uns schon darüber ausgetauscht, im Grunde um das tiefe Bedürfnis, gesehen und wahrgenommen zu werden, sich wertvoll zu fühlen, sich ausdrücken zu können, vielleicht auch von jemand anderem gebraucht zu werden. Ob als Mutter von drei Kindern oder als Ansprechpartner für Rat-suchende. Gleichzeitig werden Menschen auch nur dann Helfer, wenn andere sie zu diesen machen. Da treffen Bedürfnisse und Bedürftige aufeinander.

Wenn Du vom Archetyp des Vaters sprichst, davon, dass Du Deine väterlichen Qualitäten im Gespräch spüren kannst, habe ich das Gefühl, dass Du Dich sehr vorsichtig in diesem Feld be-wegst. Dass Du die Nähe als Seelsorger genießt, aber eben mit Bedacht und vorsichtig. Das stelle ich mir emotional anstrengend vor. Wünscht Du Dir manchmal, einfach einem Bedürfnis nach-gehen zu können, ohne den Kopf einschalten zu müssen, um die sichere Gefühls-Distanz waren zu können? Ist das etwa der Preis des Mönch-Seins: zwar in den Frieden mit sich selbst zu kom-men, aber seine Gefühle zu den eigenen Bedürfnissen immer wieder relativieren zu müssen?

Vorsicht beim Wahrnehmen der Gefühle ist für mich das falsche Wort. Ich würde sagen: Ich nehme meine Gefühle und Bedürfnisse bewusst wahr. Ich lasse sie zu, ich kann auch die Nähe genießen, die sich in einem seelsorglichen Gespräch ergibt. Aber ich weiß zugleich, dass ich im seelsorglichen Gespräch nicht meine Bedürfnisse nach Nähe ausleben darf. Denn dann würde ich meine Rolle als Seelsor-ger ausnutzen. Vielleicht täte es dem Klienten sogar gut, wenn ich ihm die Nähe zeige, die er ja auch gerne von mir möchte. Aber dann gibt es eben Verwicklungen. Das gilt ja für jeden anderen Therapeu-ten auch. Es gibt genügend Seelsorger und Therapeuten, die letztlich ihre Klienten für sich selbst brauchen. Doch dann sind sie nicht wirk-lich heilend für den andern. Natürlich bekomme ich etwas zurück, wenn ich gebe. Aber ich gebe nicht, weil ich brauche, sondern weil ich aus einer inneren Quelle schöpfe. Und ich bin dankbar für das, was ich dann für mich selbst zurückbekomme, an Dank, an Nähe, an Verständnis.

Mönch sein heißt nicht, dass ich immer eine sichere Gefühls-Distanz wahren muss. Ich habe auch Beziehungen zu Männern und Frauen, die für mich Freunde und Freundinnen sind. Da kontrolliere ich meine Gefühle nicht. Da darf ich sie leben. Und da darf ich auch das Bedürfnis nach Nähe leben. Aber Freundschaft ist eben etwas anderes als Seelsorge. Ich kann das Bedürfnis nach Nähe in der Freundschaft leben und die Freundschaft genießen. Aber zugleich weiß ich, dass kein Freund und keine Freundin mein letztes Bedürfnis nach Heimat und Geborgenheit erfüllen kann. Der tiefste Grund, auf den mich die Freundschaft verweist, ist dann letztlich doch die Geborgenheit in Gott. Für mich sind das keine Gegensätze: Geborgenheit bei Gott oder bei Freunden. Beides gehört zusammen. Wenn jemand sagt: Ich brauche keine Freundschaft, ich habe ja Gott, dann bin ich skeptisch. Dann überhöht er seine Gottesbeziehung, um seine Beziehungsunfähigkeit oder seinen Mangel an Freundschaft zu überspielen. Aber wenn einer jammert: „Ich habe keinen Freund. Niemand zeigt mir die Nähe, die ich brauche", dann verweise ich ihn oftmals auf seinen inneren Kern – auf das, was ihn ausmacht. Denn auf dem Grund der Seele strömt eine Quelle der Liebe, die unabhängig davon ist, ob dieser Mensch mich jetzt liebt oder nicht. Die Erfahrung der menschlichen Liebe und der Mangel an dieser Liebe – was wir beides erleben – verweisen uns auf diesen inneren Grund der Liebe. Das Bedürfnis nach Nähe zulassen und es auch leben und zugleich mich in diesem innersten Grund geborgen wissen, das ist mein Weg als Mönch.

Ein anderer Benediktinermönch sagte in einem Interview einmal, dass er sich für ein Leben im Kloster entschieden habe, weil er Sehnsucht nach Liebe und Lebendigkeit habe.

Als Ehefrau und Mutter hätte ich eher das Bedürfnis, mich für ein paar Tage ins Kloster zurückziehen, um Ruhe und Einsamkeit zu genießen. Nach welcher Liebe und Lebendigkeit sehnt sich ein Mönch? Was heißt Liebe für Euch?

Liebe ist für uns natürlich auch die Liebe zu den Menschen. Aber die Liebe, die wir im Kloster suchen, ist letztlich die Liebe auf dem Grund unserer Seele. Es ist letztlich Gott selbst als *die Liebe*. Es ist die Sehnsucht, die Liebe auf dem Grund allen Seins zu entdecken. Und es geht darum, in den konkreten Erfahrungen menschlicher Liebe immer wieder an die Quelle der Liebe zu rühren, die auf dem Grund unserer Seele strömt. Wenn ich mit dieser Quelle der Liebe in Berührung bin, dann muss ich mich nicht zwingen, Menschen zu lieben. Dann strömt aus mir heraus einfach Liebe: Liebe zu den Dingen, Liebe zu den Pflanzen und Tieren und natürlich die Liebe zu den Menschen, denen ich begegne.

Wenn ich einen guten Tag habe, an dem ich mich so richtig mit mir im Einklang fühle, dann sprüht auch sehr viel Liebe aus mir heraus, dann habe ich richtig viel zu geben. Dann bekommt mein Mann einen Extra-Kuss, meine Kinder einen frischen Kuchen und meine Katzen eine große Schüssel mit Milch. Mein Mann gibt mir dann wiederum einen Kuss zurück, meine Kinder eine Umarmung und meine Katzen liegen zufrieden in der Sonne und lassen die Vögel ausnahmsweise ihrer Würmersuche ohne Todesrisiko nachgehen. So ein Tag voller Liebe zieht meist eine richtige Kettenreaktion nach sich.

Diese tiefe innere Liebe braucht für mich aber auch einen äußeren Ausdruck. Im antiken Griechenland gab es ja drei verschiedene Ausdrücke für die Liebe: Eros war die geschlechtliche Liebe und leidenschaftliche Sehnsucht, Phileo war die herzliche Verbundenheit untereinander und Agape stand für die göttliche Liebe.

An solch einem Tag, an dem man das Gefühl hat, wirklich von innen heraus zu lieben, spürt man auch mehr sinnliche Leidenschaft zum Partner und Wohlwollen für seine Mitmenschen. Leidenschaftliche Liebe kann sich gegenüber einem Menschen entwickeln, der uns Herzlichkeit entgegenbringt. Und durch dessen erwiderte Liebe können wir wiederum auch zu unserer eigenen, inneren Liebe finden. Außerdem spüren die meisten Paare nach einem leidenschaftlichen Abend nicht nur gegenseitige Zuneigung und Verbundenheit, ein tiefes Gefühl von Liebe und Frieden in sich selbst, sondern sie wollen dieses innere Glück in irgendeiner Form auch an andere weitergeben

Egal bei welcher Form der Liebe wir also ansetzen, können alle drei gleichzeitig vorkommen. In so einer Liebesdynamik dürfen wir außerdem Liebe und Lebendigkeit im Doppelpack erleben.

Wir können diese innere, göttliche Liebe und Lebendigkeit also auch im normalen Alltag erleben. Deshalb verstehe ich nicht, wenn ein junger Mönch ins Kloster geht, um gerade dort – in der Enthaltsamkeit – Liebe und Lebendigkeit zu finden. Wie siehst Du das?

Natürlich kann man in der Ehe auch die göttliche Liebe erfahren. Thomas von Aquin meint, dass alle drei Formen immer zusammengehören. Die Agape lässt also den Eros und die Philia nicht einfach hinter sich, sondern ist nach wie vor davon geprägt. Nur so wird sie lebendig. Man kann also nicht sagen: Ich gehe ins Kloster, um Liebe und Lebendigkeit zu leben, weil ich das in der Ehe nicht kann. Das wäre eine Missachtung der Ehe. Die eheliche Liebe umfasst immer alle drei Aspekte: die leidenschaftliche Liebe, die Freundesliebe und die göttliche Liebe. Nur der Weg zur göttlichen Liebe ist verschieden. Aber es ist nicht gesagt, welcher Weg der bessere ist.

Früher hat man das Ordensleben die *vita perfecta* genannt. Da schwang eine Abwertung der Ehe mit. Das sagt heute niemand mehr.

Auch für den Mönch gehen die drei Aspekte der Liebe zusammen. Er erfährt auch den Eros, die Philia und die Agape. Als Mann spüre ich das Angezogensein durch eine Frau, die Faszination, die eine Frau auf mich ausübt. Da wird die erotische Liebe geweckt. Aber sie fließt eben anders in die Agape ein als in der Ehe. Ich verzichte darauf, die Frau, die mich fasziniert, für mich zu erobern. Ich nehme die Anziehungskraft wahr und lasse sie zu. Dann erfahre ich Inspiration. Und ich spüre manchmal auch, dass das, was ich göttliche Liebe nenne, bei mir sehr schwach und langweilig ist.

Die Erfahrung der erotischen Liebe einer Frau, die mich anzieht, befruchtet auch meine Agape. Aber eben nicht, indem ich die erotische Liebe sexuell auslebe. Natürlich ist die Sexualität in der erotischen Liebe immer dabei. Aber sie wird eben nicht genital ausgelebt, sondern nur emotional. Natürlich gelingt dieser Weg nicht jedem Mönch. Manche unterdrücken den Eros. Dann wird ihr geistliches Leben auch langweilig und kraftlos. Andere werden von der Leidenschaft derartig gepackt, dass sie ihr Mönchsein aufgeben.

Und wieder andere versuchen, die Balance zu halten. Der Weg zur gelingenden Liebe ist sowohl in der Ehe als auch in der Ehelosigkeit des Mönchs immer ein Weg über Versuch und Irrtum. Es gibt nicht den idealen Weg. Und wenn Mönche und Eheleute ehrlich über ihre Sexualität, ihren Eros, ihre Philia und ihre Agape sprechen, kommen sie einander näher und spüren, dass die Erfahrungen gar nicht so weit voneinander entfernt sind.

Wir sprechen über Balance in der Liebe und haben uns auch schon über Balance im Leben unterhalten, speziell über die Harmonie von Arbeit und Gebet bei euch Mönchen, die Benedikt in seiner Regel aufgreift. Zu der Zeit, als Benedikt den Tagesablauf zwischen Arbeit und Gebet aufteilte, handelte sich es wohl häufig noch um harte körperliche Arbeit, die von den Mönchen geleistet werden musste. Da kann ich mir gut vorstellen, dass Körper und Geist im Ausgleich waren und man abends todmüde ins Bett fiel. Die Harmonie zwischen Arbeit und Gebet war wohl gleichzeitig auch eine Harmonie zwischen Körper und Geist. In unseren „bequemen" Zeiten ist diese Balance meist nicht ausgeglichen.

Ich habe selbst erlebt, wie wichtig der körperliche Ausgleich auch für die Seele ist: Ich bin geistig wacher und ausgeglichener, nachdem ich Sport getrieben habe. Meine besten Gedanken kommen mir immer bei einem langen Lauf. Zahlreiche Studien belegen ja den Ausstoß von Glückshormonen in unserem Gehirn bei körperlichen Tätigkeiten. Körper und Geist sind also auch biologisch eng miteinander verstrickt. Manche spüren ihren Körper heutzutage nur noch in der Sexualität oder beim genüsslichen Essen und Trinken. Der Körper scheint also nach einem Ausgleich für die geistige Arbeit zu suchen – wenn nicht im Sport, dann im Bett oder bei Tisch.

Mir scheint deshalb Benedikts Mahnung zur Maßhaltung und Balance an diesem Punkt nicht mehr zeitgemäß: Wie können Mönche heutzutage ihre Körperkraft spüren? Benedikt hat diese „bequeme" Entwicklung schließlich so nicht voraussehen können.

Die körperliche Arbeit – Benedikt nennt sie Handarbeit – ist für die Mönche seit jeher wichtig gewesen. In der Arbeit zeigt sich, ob das Gebet stimmt. Natürlich ist unsere heutige Arbeit als Mönche nicht mehr in erster Linie Handarbeit. Einige Mönche arbeiten bei uns im Kloster noch als Meister in Werkstätten, in der Bäckerei, in der Metzgerei, in der Kunstschmiede und an vielen anderen Stellen. Aber gerade die Theologen unter uns arbeiten entweder als Lehrer oder als Begleiter im Gästehaus. Auch meine Arbeit in der Verwaltung ist in erster Linie eine geistige Tätigkeit. Ich treibe keinen Sport, außer dass ich im Urlaub mit meinen Geschwistern Bergwanderungen mache. Aber ich bin trotzdem viel in Bewegung. Ich nehme nie den Aufzug, steige also täglich ziemlich viele Treppen. Und der Weg von meiner Zelle zur Verwaltung ist lang. Einige Mönche laufen ebenfalls größere Strecken oder sie fahren öfter Fahrrad. Ich selbst mache am Sonntagnachmittag meistens einen Spaziergang. Der tut mir gut.

Das Chorgebet ist immer auch von tiefer Verneigung unterbrochen. Gerade dort zeigt, sich dass auch das Gebet einen körperlichen Ausdruck braucht.

Wir haben schon über die Körperlichkeit in der Arbeit und der Bewegung gesprochen. Inwiefern ist in diesem Zusammenhang die sexuelle Abstinenz für katholische Mönche von so großer Bedeutung? In anderen Religionen wird dies, soweit ich weiß, weniger streng gehandhabt. Geht es bei der Enthaltsamkeit, dem Zölibat, ausschließlich darum, keine Sexualität zu leben, oder keine Partnerschaft, die eben aus einer Einsamkeit eine Zweisamkeit machen würde? Für wie wichtig hältst Du persönlich die Abstinenz für Geistliche?

Der Mönch kann seine Sexualität nicht einfach abschneiden oder unterdrücken. Aber er lebt sie eben nicht genital aus. Ich vor einiger Zeit ein Buch mit einer buddhistischen Zen-Meisterin geschrieben. Wir haben auch über den Verzicht auf genitale Sexualität gesprochen. Die Zen-Meisterin meinte, der Verzicht würde das spirituelle Leben vertiefen. Das ist sicher auch im christlichen Mönchtum der Sinn des Verzichtes auf gelebte Sexualität. Aber die Sexualität ist gleichzeitig für den Mönch eine wichtige Lebensenergie. Er muss sie verwandeln in Kreativität, in Achtsamkeit und Zärtlichkeit im Umgang mit den Menschen und den Dingen und letztlich in Mystik, in die Ekstase in Gott hinein. Es gibt in allen Religionen immer zwei Richtungen: den Verzicht auf Sexualität und die gelebte Sexualität. Beides kann als spiritueller Weg erfahren werden.

Es gibt durchaus einen Unterschied zwischen Mönchen und Weltpriestern. Für Weltpriester kann ich mir gut vorstellen, dass sie auch heiraten und trotzdem gute Priester sind und einen spirituellen Weg gehen. Da würde dann ein anderer spiritueller Umgang mit Sexualität eingeübt als im Mönchtum, in dem bewusst auf die gelebte genitale Sexualität verzichtet wird, um auf diese Weise offen zu werden für Gott.

Sexualität ist ja eine positive Lebensenergie, ähnlich wie Essen und Trinken oder die Kommunikation. Alle Tiere und Menschen haben diese drei Eigenschaften gemein, denn nur durch sie konnten wir in der Vergangenheit überleben. Als Mönche verzichtet ihr ganz auf die gelebte Sexualität und zeitweise – in Fasten- oder Schweigezeiten – auf die beiden anderen menschlichen Grundbedürfnisse. Natürlich gibt es Menschen, die von Natur aus weniger Leidenschaft fühlen, die nicht beim Frühstücksei schon vom Mittagessen träumen und die es vorziehen, lieber in aller Stille für sich alleine zu leben. Die meisten unter uns würden sich aber mit dieser Art von Abstinenz auf Dauer schwertun.

Du sprichst von den buddhistischen Mönchen, die auch auf die körperliche Sexualität verzichten und überhaupt als zentrales Thema ihrer Religion haben, Leiden zu vermeiden, indem sie sich unter anderem von ihren Wünschen und Sehnsüchten lossagen. Denn wer mehr Wünsche hat und diese nicht erfüllen kann, leidet mehr. Idealerweise sollen wir also weniger wollen.

Hierzu fällt mir eine Geschichte ein, die von einem reichen Mann erzählt, der auf einem Spaziergang einem Bettelmönch begegnet. Dieser besitzt außer seinem Umhang, Sandalen und einer kleinen Schüssel für Almosen nichts. Der reiche Mann ist beeindruckt von der Schlichtheit des Mönchs und sagt zu ihm: „Ich bewundere deine Lebensentscheidung. Du hast so viel aufgegeben und hast jetzt so wenig. Deine Selbstzucht und Zielstrebigkeit sind wirklich erstaunlich."

„Ganz im Gegenteil," antwortet der Mönch. „Ich bewundere dich, für all die Dinge, die du aufgegeben hast. Ich musste nur ein paar Annehmlichkeiten und Krimskrams aufgeben, um wirkliche innere Klarheit und Zufriedenheit zu erlangen. Du musstest allerdings die wertvollsten Dinge von allen hergeben – Klarheit und Zufriedenheit, nur um dich ein bisschen zu vergnügen und um ein paar Dinge zu besitzen. Meiner Meinung nach bist du derjenige, der bewundert werden muss, weil du so viel aufgegeben hast, um so wenig zu erlangen."

Die Moral aus der Geschichte könnte auch von Arthur Schopenhauer stammen, der davon ausgeht, dass all unser Leiden seinen Ursprung in unserem endlosen Wollen hat. Er sagte zum Beispiel (ich zitiere es in freier Form), dass „die Entbehrung, das Leiden, nicht unmittelbar und notwendig aus dem Nicht-Haben hervorging; sondern erst aus dem Haben-Wollen und doch nicht Haben; dass also dieses Haben-Wollen die Voraussetzung dafür ist, das das Nicht-Haben zur Entbehrung wird und Schmerz erzeugt". Auf gut Deutsch gesagt: Um dem Dilemma unseres Leidens aufgrund unseres ständigen, unerfüllten Wollens aus dem Weg zu gehen, haben wir nur eine Möglichkeit. Wir müssen irgendwie unser Wollen loswerden. Askese ist also auch nach Schopenhauers Meinung die beste Lösung, um im Leben weniger leiden zu müssen. Trotz allem muss auch Schopenhauer zugeben, dass eine solche radikale Form des Verzichts nur für einige wenige wirklich realisierbar ist. Er selbst hielt sich auch nicht daran.

Ich kann mir diese Form der „Zurückhaltung im Wollen" gut vorstellen, wenn es um Zigaretten oder Alkohol geht, um teure Kleidung und Schmuck oder um teure Autos. Kurz: um Dinge, die wir nicht wirklich im Leben brauchen, bei denen uns nur ständig suggeriert wird, dass wir sie unser eigen nennen müssen, um glücklich zu sein. Bei den drei positiven Lebensenergien – Sexualität,

Nahrung und Kommunikation – stelle ich mir eine dauerhafte Askese sehr schwer vor. Natürlich gibt es individuelle Unterschiede, und auch im Laufe des Lebens verändern sich sicherlich die eigenen Bedürfnisse und man hat phasenweise mehr oder weniger Lust auf das eine oder andere. Kein normaler Mensch würde auf die Idee kommen, jemandem dauerhaft die Möglichkeiten der Nahrungsaufnahme massiv einzuschränken oder die Kommunikation zu verbieten – wohl aber die Sexualität. Dass nicht alle Geistlichen deiner Idee der gelebten, aber nicht ausgelebten Sexualität folgen, wird ja immer wieder deutlich.

Wieso wird überhaupt Sexualität nur als optionale Lebensenergie angesehen, und inwiefern ist vielleicht das „Nicht-wollen-Dürfen" für manche sogar schwieriger? Wieso sind wir mit all diesen Wünschen und Trieben, mit Hunger und Kontaktbedürfnis geschaffen worden, wenn wir, wie Du sagst, erst durch Verzicht offen werden für Gott? Hat Jesus abstinent gelebt?

Ich behaupte nicht, dass wir nur durch Verzicht offen werden für Gott. Wer seine Sexualität so lebt, dass sie Ausdruck seiner Liebe ist, ist genauso offen für Gott. Es gibt verschiedene Wege, sich für Gott zu öffnen.

Beim Essen ist es natürlich so, dass wir nicht total darauf verzichten können. Wir können fasten, um unseren Körper zu reinigen und eine neue Qualität von Leichtigkeit und Klarheit zu erlangen. Und wir können nicht auf Sexualität an sich verzichten. Die ist einfach in uns. Es gibt den zeitweiligen Verzicht auf Sexualität, um eine innere Freiheit zu erlangen, ähnlich wie beim Fasten. Die Frage ist, wie wir Sexualität leben. Der normale Weg ist, die Sexualität mit einem Partner oder einer Partnerin zu leben. Aber vielen, die Single geblieben sind, ist dies ja nicht möglich. Und die Frage ist, ob ich dann ständig sexuelle Ersatzbefriedigungen brauche oder ob ich die Sexualität anders ausleben kann. Damit die Verwandlung der Sexualität auf eine höhere Ebene gelingt, braucht es vier Bedingungen.

1. Eine gesunde Lebenskultur, Sinn für Schönheit, für Kunst – schon Sigmund Freud sagt, dass Sexualität der kulturstiftende Faktor schlechthin ist.

2. Gute Beziehungen zu Männern und Frauen – Freundschaft, die auch Nähe schenkt.

3. Kreativität. Mir erzählte ein Therapeut, dass seine Ausbilderin ihm in der Lehrtherapie gesagt hat: Wenn Du in der Sexualität nicht mehr siehst, als mit Deiner Frau zu schlafen, wirst Du krank. Für ihn persönlich kam die Sexualität erst ins richtige Maß, als er zu malen anfing.

4. Die Mystik als Erfahrung einer intimen Nähe zu Gott und einer Ekstase in Gott hinein.

Wenn diese vier Bedingungen nicht gegeben sind, dann gelingt der Verzicht auf genitale Sexualität nicht. Dann gibt es sexuelle Übergriffe, dann gibt es eine ungute Fixierung und oft genug auch eine Verteufelung.

Der buddhistische Weg – und der Weg Arthur Schopenhauers – ist zwar verlockend. Aber für mich ist es keine wirkliche Lösung. Jesu Weg ist anders: Nicht durch Aufhebung unserer Beziehung zur Welt, sondern durch die Verwandlung in Liebe werden wir spirituelle Menschen. Jesus – so sagt uns die Tradition – war ehelos und abstinent. Aber er hat sicher Erotik erfahren. Das zeigt sein unverkrampfter Umgang mit Frauen, die ihn genauso begleitet haben wie die Männer in seinem Jüngerkreis. Ein Problem ist sicher, dass viele Priester zwar den Priesterberuf wollen, aber sich nicht bewusst für die Ehelosigkeit entschieden haben und dass ihre konkrete Lebensweise die Verwandlung der Sexualität oft behindert. Dann entstehen die vielen Fehlformen, von denen Du in den Medien hörst.

Ich stimme Dir zu: Wenn wir Sexualität nicht nur als rein körperliche Energie, sondern als geistige Schaffenskraft sehen, kann sie uns unglaublich inspirieren. Jeder, der schon einmal unglücklich in jemanden verliebt war, weiß, dass man in solchen Phasen trotzdem besonders kreativ und empfindsam ist. Sich zu jemandem hingezogen zu fühlen, kann uns regelrechte Flügel verleihen, egal ob wir jemals mit der angebeteten Person ein Wort wechseln oder nicht.

Der Schriftsteller Thomas Mann ist sicherlich eines der berühmtesten Beispiele dafür, dass sexuelle Energien, die nicht ausgelebt werden, in unglaubliche Schaffenskraft umgewandelt werden können: wie es die Tagebücher des sechsfachen Familienvaters nach seinem Tode zeigten, war Thomas Mann eigentlich homosexuell veranlagt, aber er konnte diese Seite nicht offen leben. Seine Sehnsucht nach Liebe, seine Melancholie und die Niedergeschlagenheit darüber, dass er niemals seine wahren Gefühle zeigen durfte, konnte er aber fiktiv in den zahlreichen Charakteren seiner Bücher leben lassen.

Aber wir wissen auch, dass es Thomas Mann nicht glücklich gemacht hat, sich hinter einer falschen Fassade zu verstecken, anstatt seine eigentliche Wahrheit auszuleben. Er konnte seine Tendenzen nur mit Disziplin und dem eisernem Willen, an seinem Selbstbild als angesehener Familienvater festzuhalten, dauerhaft unterdrücken.

Es geht also um den Unterschied zwischen der wahren Überzeugung und dem Festhalten an einem falschen Selbstbild. Vielleicht müssen sich deshalb manche Priester, wie Du schon sagst, fragen, inwieweit sie sich wirklich aktiv für die Ehelosigkeit und Askese entschieden haben, oder sie nur in Kauf nehmen, um ihr Bild des Priesters leben zu können.

Eigentlich müssen wir uns aber alle immer wieder fragen, inwiefern wir nach unserer wahren Überzeugung leben oder nur an einem falschen Selbstbild festklammern. Eine Therapeutin erzählte mir von männlichen Patienten, die ihr beichteten, dass sie schon zum Zeitpunkt der Eheschließung ahnten, dass sie nicht dauerhaft monogam bleiben würden. Hätten sie sich nicht selbst belogen und stattdessen ihre eigentliche Wahrheit gelebt, hätten sie ihrer Partnerin viele Enttäuschungstränen ersparen können.

Was Du über die Sexualität als kreative Kraft sagst, kann vielleicht denen helfen, die sich eigentlich klar für ihren Partner entschieden haben, aber vielleicht kurzfristig eine Zeit der Krise erleben. Eine Zeit, in der sie oder ihr Partner sich zu einem anderen Menschen hingezogen fühlen. Anstatt die Zuneigung zu einer anderen Person als Zeichen dafür zu deuten, dass ihre momentane Partnerschaft am Ende ist, könnten sie diese, eigentlich positive erotische Spannung als kreativen Energieschub verstehen. Vielleicht geht es einfach nur darum, die eigenen Leidenschaften neu zu entdecken, sich selber mehr zu spüren, wieder lebendiger zu werden.

Insofern geht es einem Paar, dass sich für *einen* sexuellen Partner auf Lebzeiten entschieden hat, nicht viel anders, als einem Mönch, der sich für *keinen* Partner entschieden hat – beide können nicht einfach ihre Gefühle zu allen Menschen, die sie attraktiv finden, ausleben.

Aus der Psychologie wissen wir, dass Sexualität und Erotik nicht nur rein körperliche Angelegenheiten sind, sondern dass sie auch ein Ausdruck unserer Liebe und Liebes-Suche sind. Wir wollen nicht nur Körperlichkeit, sondern auch Liebe erfahren. Es gibt nichts Schöneres, als sich geliebt zu fühlen, angenommen zu werden, mit all unseren Macken.

Ich kann mir zwar vorstellen, dass uns dieses tiefe Gefühl, von Gott geliebt zu sein, während der Meditation durchaus auftanken kann, aber richtig greifbar ist diese Form der Liebe für mich nicht. Beschreib mir doch bitte einmal das Gefühl, das Du in der Meditation spürst – ein Gefühl, von dem Du sagst, dass es Euch Mönchen die Liebe, die wir in Partnerschaften leben, ersetzt.

Du hast recht, dass der Unterschied im Umgang mit der Sexualität zwischen Ehepaaren und Ehelosen nicht so groß ist. Denn auch in der Ehe braucht es die Verwandlung der Sexualität in Kreativität, damit dann die Sexualität zwischen den Partnern angemessen gelebt werden kann. Und bei uns Mönchen braucht es die Verwandlung der Sexualität in positive Lebensenergie, damit wir als Mönche angemessen leben können.

Die Liebe zu Gott ist nicht der Ersatz für die Liebe zwischen den Menschen. Auch als Mönch erfahre ich erotische Liebe zu Frauen. Ich war einige Male in eine Frau verliebt. Das waren für mich wichtige Erfahrungen. Sie haben mir gezeigt, dass das, was ich früher als Liebe Gottes bezeichnet habe, doch eine sehr blasse Liebe war. Die erotische Liebe gibt mir eine Ahnung, wie die Liebe zu Gott *auch* sein könnte. Sie vertieft meine Liebe zu Gott. Ich meditiere fast immer mit dem Jesusgebet. Ich sitze auf einem niedrigen Hocker und verbinde das Ein- und Ausatmen mit dem Namen Jesu. Dabei halte ich meine Hände auf die Brustmitte. Dort spüre ich dann manchmal die Wärme, die durch das Jesusgebet in mein Herz strömt. Dann ahne ich, dass die Liebe Jesu zu mir nicht rein geistig ist, sondern dass ich sie auch körperlich spüre. Mein Herz wird davon warm. Und dann stelle ich mir vor, wie diese Liebe beim Ausatmen vom Herzen in den ganzen Leib strömt. In solchen Augenblicken spüre ich, dass ich ganz von Liebe erfüllt bin. Es ist ähnlich wie das Gefühl, wenn ich verliebt bin. Dann bin ich ja auch ganz erfüllt von Liebe. Aber die Erfahrung dieser göttlichen Liebe und der menschlichen Liebe gehören für mich zusammen. Beide Formen der Liebe befruchten einander. Ohne erotische Liebe wird die göttliche Liebe oft blass. Und ohne göttliche Liebe werde ich nie satt an der erotischen Liebe. Die erotische Liebe befruchtet und vertieft die göttliche Liebe und erfüllt sie auch mit Emotionen. Die göttliche Liebe reinigt die erotische Liebe und wird für sie zu einer Quelle, aus der sie sich immer wieder speisen kann.

So gehören die erotische und die göttliche Liebe zusammen, sowohl für Mönche als auch für Eheleute. Nur die Akzente sind bei beiden etwas anders. Aber die Spannung zwischen den beiden Polen bleibt für beide eine ständige Herausforderung. Und unsere Aufgabe ist es, immer neu ein gesundes Gleichgewicht zwischen diesen beiden Polen zu finden.

Künstler singen, malen und dichten hauptsächlich über die Liebe. Man kann behaupten, dass sich unser ganzes Leben einzig und allein darum dreht, dass wir andere lieben wollen oder andere uns lieben wollen, und wir gleichzeitig von der Angst erfüllt sind, eigentlich nicht liebenswert genug zu sein. Liebe und Liebesmangel sind für die meisten von uns der absolute Mittelpunkt unseres Mikro-Universums.

Wieso sehnen wir uns also eigentlich so sehr nach der Liebe und glauben häufig, der Liebe anderer nicht wert zu sein?

Ja, jeder Mensch sehnt sich danach, zu lieben und geliebt zu werden. Aber wir vergessen oft, dass in uns eine Quelle der Liebe strömt, die uns niemand nehmen kann. Viele leben ständig in der Angst, nicht genug geliebt zu werden. Diese Angst rührt sicher von dem Mangel an Liebe, den man in der Kindheit erfahren hat. So ist man sich ständig unsicher, ob die Eltern, ob der Freund oder die Freundin mich wirklich lieben. Ohne Liebe fühlt man sich wertlos. Offensichtlich braucht der Mensch die Erfahrung der Liebe, um in sich ruhen zu können. Aber zugleich überfordern wir andere mit unseren Erwartungen an ihre Liebe, weil wir zu wenig bei uns selbst sind. Wenn ich mit mir selbst in Berührung bin, dann kann ich die Liebe des andern genießen. Aber ich lebe nicht ständig in der Angst, zu wenig geliebt zu werden.

Viele Menschen glauben, dass sie der Liebe anderer nicht wert sind, weil sie sich als Kind die Liebe oft verdienen mussten. Sie haben nicht erfahren, dass sie so, wie sie sind, liebenswert sind. Sie wurden nur geliebt, wenn sie die Erwartungen der Eltern erfüllt haben. Und so sind sie ständig darauf fixiert, alle Erwartungen der andern zu erfüllen, nur um geliebt zu werden. Und zugleich leben sie in der Angst, dass sie den Erwartungen doch nicht gerecht werden und in der Liebe zu kurz kommen. Weil sie sich selbst nicht genügend sehen, fühlen sie sich von anderen übersehen. Und weil sie sich selbst nicht genügend lieben, haben sie Angst, auch von anderen nicht genügend geliebt zu werden.

Das hört sich nach einem Teufelskreis an: Wir lieben uns oft selbst nicht genug und bemühen uns dann, uns so zu verhalten, dass wir für jemand anderen liebenswert sind. Der andere liebt aber eigentlich nur unsere liebenswerte Maske und nicht unser wahres Ich, weil wir es ja gar nicht zugelassen haben, dass er uns wirklich nahe kommt. Wenn er unser wahres Ich dann kennenlernt, liebt er uns vielleicht weniger, und wir haben wiederum das Gefühl, nicht liebenswert genug zu sein. Die Psychologen nennen diese Gefühlsgymnastik „selbsterfüllende Prophezeiung": Wir verhalten uns also so, dass sich unsere Voraussage – dass wir nicht liebenswert genug sind – bewahrheiten muss.

Um dauerhaft Liebe zu erfahren, führt also kein Weg daran vorbei: Wir müssen bei der Selbstliebe anfangen.

Heutzutage haben wir oft das Gefühl, der eigene Selbstwert hätte ausschließlich mit finanziellem Erfolg und Schönheit zu tun. Menschen, die nicht ihre Karriere zu ihrem Lebensmittelpunkt gemacht haben, gelten als faul. Älterwerden gilt, besonders bei Frauen, mittlerweile als Schwäche. Deshalb stecken wir unsere Kinder kurz nach der Geburt in einen Hort, um unsere Karriere weiter anzukurbeln, schmieren uns die neuesten Anti-Aging-Cremes um die Augen und fühlen uns geliebt, wenn wir anderen unser perfektes Leben mit straffer Gesichtshaut präsentieren können.

Wie können wir aus dem Hamsterrad dieser vielen Erwartungen aussteigen und uns unabhängig von der Akzeptanz der anderen selbst wertvoll fühlen? Wenn Liebe nicht mehr nur die Projektion der Liebe anderer zu uns sein soll, wie finden wir unsere eigene Quelle der Liebe?

Die Liebe zu mir selbst ist sicher die Bedingung, dass ich mich nicht von der Liebe der andern her definiere und ihnen deshalb nur meine Maske zeige, damit ich möglichst viel geliebt werde. Aber so wie es einen negativen Teufelskreis gibt, dass wir den Mangel an Selbstliebe durch Anpassung an die Erwartungen der andern ausgleichen wollen und dann immer mehr bestätigt werden, dass wir nicht liebenswert sind, so gibt es auch einen positiven Kreis: Wenn ich mich selbst liebe, werde ich auch von andern geliebt. Und die Liebe der andern stärkt meine Selbstliebe. Das Kind muss erst von außen Liebe erfahren, um sich selbst lieben zu können. Da ist also die bedingungslose Liebe der Eltern die Voraussetzung, dass die Selbstliebe wachsen kann. Aber die Selbstliebe, das Geliebtwerden durch andere und die Liebe zu den andern strömen immer hin und her. Und ich muss mir immer aller drei Pole bewusst sein. Jeder erfährt auch von außen zumindest etwas Liebe. Diese Liebe, die ich erfahre, soll mich aber dann an die Quelle der Liebe führen, die auf dem Grund meiner Seele strömt. Zu dieser Quelle komme ich nur, wenn ich daran glaube, dass in mir diese Quelle ist. Wenn ich davon überzeugt bin, dann kann ich in mich hineinhorchen, durch alle Erfahrungen und Nichterfahrungen von Liebe hindurchgehen und auf dem Grund meiner Seele diese unendliche Liebe erahnen, die nie versiegt. Das ist dann letztlich ein spiritueller Weg. Und wenn ich diesen spirituellen Weg gehe, kommen auch die Liebe zu mir und zum Nächsten und auch das Geliebtwerden durch andere in ein gutes Gleichgewicht.

BILDER VON GOTT

Du sprichst von der Ahnung der unendlichen Liebe als spirituellem Weg, von „Gott selbst als die Liebe", und Gott als dem „inneren Raum der Stille". Ist Gott also eigentlich unsere tiefe innere Stimme oder ist er die Liebe, die wir in uns fühlen? Was oder wer ist Gott für Dich?

Deine Frage ist gar nicht so leicht zu beantworten: Was oder wer ist Gott für mich? Ich kann darauf nur mit Bildern antworten, und zwar mit gegensätzlichen Bildern, die alle in die Richtung Gottes weisen. Aber Gott bleibt das unbegreifliche und unbeschreibliche Geheimnis. Ich kann mich durch die Bilder ihm nur nähern.

Gott ist für mich auf der einen Seite die Liebe, die alles durchdringt, die ganze Schöpfung, alles, was ist. Und diese Liebe ist auch auf dem Grund der Seele jedes Menschen. Aber Gott ist auch ein Du, das ich anspreche, von dem ich Worte höre – etwa in der Bibel. Gott ist die Wahrheit, die mich zwingt, mich meiner eigenen Wahrheit zu stellen. Gott ist die Freiheit, die mich wahrhaft frei macht, frei macht von der Abhängigkeit von Menschen, von ihrem Urteil oder von ihrer Anerkennung und Ablehnung. Gott ist der Schöpfer, der die ganze Welt geschaffen hat. Vor dem Geheimnis des Kosmos kann ich nur staunen. Und Gott ist in mir, der tiefste Grund meiner Seele. Gott ist die Schönheit, die ich in aller irdischen Schönheit erahne. Er ist der unerhörte Klang, der in jeder Musik anklingt. Gott ist persönlich und überpersönlich. Er ist in mir und außerhalb von mir. Er ist über mir und unter mir. Ich kann ihn nur umkreisen, um dann vor seiner Unbegreiflichkeit zu kapitulieren.

Die großen Kirchen haben in den letzten Jahren stark an Einfluss verloren, und Christen fühlen sich oft nicht mehr eindeutig einem Religionszweig zugehörig. So gehen beispielsweise manche evangelische Christen ab und zu in katholische Gottesdienste, weil sie diese feierlicher finden, andere lassen ihre Kinder nur aus rein kulturellen Gründen taufen – weil man das eben so macht. Wieder andere haben zwar einen tiefen persönlichen Glauben, gehen aber nicht mehr in die Kirche. Wir leben heutzutage meist eine Art „Christentum Light", eine gewisse Willkürlichkeit im Glauben.

Ich frage hier ganz provokant: Kommen wir deiner Meinung nach mit dieser vereinfachten Form des Glaubens vielleicht sogar näher an die wahre Botschaft Jesu heran, wenn wir uns also mehr auf unseren persönlichen Glauben besinnen, als einer tradierten Religion zu folgen?

Es gibt sicher die Spannung zwischen dem, was uns im Glauben vorgegeben ist, und dem ganz persönlichen Glauben. Ich soll nicht einfach stur das glauben, was mir vorgegeben ist. Wir haben einen Verstand und sollen ihn nutzen. Mein Namenspatron, der hl. Anselm, hat sein Programm der Theologie so formuliert: „Fides quaerens intellectum – der Glaube, der nach Einsicht sucht."

Heute denken wir freier und individueller. Und das ist auch gut so. Ich muss mich immer wieder neu fragen: Was glaube ich eigentlich? Aber das Problem ist, dass wir oft nur an der Oberfläche bleiben. Wenn wir etwas nicht verstehen, legen wir es ab und suchen uns einen Glaubensinhalt, der uns besser entspricht. Doch eigentlich wäre die Aufgabe, genau zu verstehen, was wir glauben. Ich muss den Glauben vor meiner Vernunft verantworten. Daher ist die heutige Suche nach einem authentischen Glauben sicher gut und entspricht der Botschaft Jesu. Aber wenn wir nur an der Oberfläche bleiben und uns mal dies, mal jenes herauspicken – so wie in einem Supermarkt –, dann finden wir nicht wirklich zum Glauben. Glauben bedeutet, immer wieder die Grundfrage zu stellen: Wer sind wir? Woher kommen wir? Wohin gehen wir? Und auf diese Frage muss ich eine Antwort finden. Wir sollen nicht einfach übernehmen, was andere uns vorsagen. Aber wir sollen versuchen zu verstehen, was die Bibel meint oder was die Dogmatik uns sagen möchte. Meine Definition von Dogmatik, die ja für manche Ausdruck von sturer Besserwisserei ist, lautet: „Dogmatik ist die Kunst, das Geheimnis offen zu halten."

Der Glaube will uns ins Geheimnis führen. Dazu braucht es den Mut, selbst zu denken, und zugleich die Bereitschaft, sich dem Geheimnis zu ergeben, das unseren Verstand übersteigt. Natürlich sind die Grenzen zwischen katholisch und evangelisch inzwischen fließend. Wir spüren, dass wir da manchmal künstliche Grenzen aufgebaut haben. Da gibt es heute eine größere Durchlässigkeit. Ich kann als evangelischer Christ in die katholische Messe gehen und umgekehrt. Aber ich sollte mich dann auch fragen: Was berührt mich wirklich? Und was schätze ich am evangelischen und am katholischen Gottesdienst? Wir können voneinander lernen. Aber wir dürfen nicht alles miteinander vermischen.

Die modernste Glaubensrichtung heißt ja weder evangelisch noch katholisch, weder buddhistisch, hinduistisch oder muslimisch, sondern „spirituell, aber nicht religiös".

Warum machen gerade junge Leute heutzutage gerne einen weiten Bogen um jegliche, vor allem die organisierte Religion?

Was ist deiner Meinung nach der Unterschied zwischen Spiritualität und Religiosität?

In jeder Bewegung gibt es immer berechtigte Anliegen. So gibt es auch in der Haltung „spirituell, aber nicht religiös" etwas Stimmiges. Mit Religion bezeichnen wir mehr die verfasste Religion, die sich in einer Glaubensgemeinschaft ausdrückt, zum einen in einer klaren Institution, zum anderen in klaren Glaubenssätzen. Die Religion gibt ihren Mitgliedern Halt, Geborgenheit und Sicherheit. Und sie bietet ein Netz an, das den Einzelnen trägt. Insofern ist jede Religion auch heilsam. Aber es besteht immer die Gefahr, dass die Religion ihre Glaubenssätze als absolut betrachtet und nicht offen ist für das Geheimnis, das alle Sätze übersteigt. Eine andere Gefahr ist, dass jede Religion immer auch von den Menschen, die damit leben, verfälscht werden kann, dass es Machtkämpfe gibt, Enge und Intoleranz.

Menschen, die spirituell sein möchten, aber nicht religiös, wollen in aller Freiheit Gott suchen. Gottsuche ist durchaus etwas, was der Einzelne tun muss. Und unter Spiritualität verstehen viele Menschen mehr die mystische Seite der Religion, die Erfahrungsseite. Man möchte etwas erfahren von Spiritualität, wie Stille, Ruhe, Frieden, Liebe, Freiheit.

Die Gefahr dieser Haltung, nur spirituell leben zu wollen, aber nicht religiös, besteht darin, dass man Gott aus der Spiritualität ausklammert. Es gibt heute eine Spiritualität ohne Gott. Man möchte Spiritualität gleichsam wie ein seelisches Fitnessstudio betreiben. Man möchte seine Fähigkeiten entfalten. Man erwartet von der Spiritualität mehr Ruhe, mehr Leistungsfähigkeit, mehr Lebensqualität.

Doch man geht der Herausforderung aus dem Weg, den uns die Spiritualität stellt. Spiritualität heißt ja eigentlich: aus dem Geist Gottes leben. Und dieser Geist Gottes widerspricht oft unserem Geist, der sich in Größenphantasien ergeht, anstatt sich von Gott prägen zu lassen.

Ich würde nie jemanden zurückweisen, der diesen Weg geht. Aber ich würde mit ihm diskutieren: Was suchst Du eigentlich? Baust Du Dir eine Spiritualität auf, die nur Dir und Deinem Ego dient? Oder bist Du bereit, Dich einem Größeren, letztlich Gott zu überlassen, Dich ihm hinzugeben, auf seine Stimme zu hören? Das Anliegen der Spiritualität würde verfälscht, wenn wir sie wie eine Art Gesundheitsfürsorge gebrauchen würden, als Mittel zum Zweck. Es geht darum, sich vom Geist Gottes durchdringen und verwandeln zu lassen.

KIRCHE UND GLAUBE HEUTE

Du sprichst davon, dass wir uns immer wieder fragen sollten, was wir eigentlich glauben. Ich muss gestehen, dass ich mir diese Frage zum ersten Mal gestellt habe, als ich nach Amerika gezogen bin.

Ich bin in Bayern geboren, als Katholikin aufgewachsen, ohne viel darüber nachzudenken, was meinen Glauben eigentlich ausmacht. Glauben und Kultur sind ja weltweit immer eng miteinander verwoben, meist fühlen wir uns zunächst relativ selbstverständlich mit der im Land gängigen Religion verbunden.

Religion ist oft eine landesspezifische Glaubensrichtung, über die man sich meist nicht viel Gedanken macht – ähnlich wie über Essgewohnten oder kulturelle Errungenschaften. Als ich nach Amerika kam, wurde ich mit einer solchen Flut an unterschiedlichen Religionen und Religions-Strömungen bombardiert, dass ich erstmals meinen Glauben im Vergleich zu anderen Religionen sah und mir bewusst machte, ob oder was ich wirklich glaube. Kultur und Glaube sind in Amerika nicht besonders eng miteinander verknüpft. Das bedeutet, dass man seine Religionszugehörigkeit recht unbeschwert wechseln kann, ohne damit sein sonstiges Leben in irgendeiner Weise zu beeinflussen. Das hat Vor- und Nachteile: Gut ist, dass sich jeder Gläubige bewusst für eine Glaubensgemeinschaft entscheidet und sich den sozusagen passenden Glaubens-Schuh anziehen kann. Schlecht ist, dass auch im Bereich Glauben eine Art von Marktwirtschaft herrscht, da die Glaubensgemeinschaften um Mitglieder werben müssen. Man kann natürlich argumentieren, dass es an sich nicht verkehrt ist, wenn Kirche sich aktiv und mit viel Marketing um Mitglieder mühen muss. Und wer schon einmal einen amerikanischen Gottesdienst besucht hat, weiß, dass es dort modernste Popmusik und humorvollste Messen gibt, um dem Besucher ein spirituelles Unterhaltungsprogramm der Extraklasse zu liefern, damit er bleibt und nicht zur nächsten Glaubensgemeinschaft weiterzieht. Die Gläubigen nehmen ihrerseits den Gottesdienst relativ ernst und bringen auch schon mal Stift und Notizblock mit, um sich die wichtigsten Argumentationspunkte des Priesters mitzuschreiben. So etwas habe ich in einer katholischen Kirche in Deutschland noch nie erlebt – hier werden die Kirchenbänke eher immer leerer. Trotzdem bringt das amerikanische, „marktwirtschaftlich" orientierte Denken und Werben um Mitglieder einen Aspekt ins geistliche Leben, der dort meines Erachtens nichts verloren hat.

Obwohl in Deutschland Religion und Kultur viel enger miteinander verknüpft sind, verbindet nur noch eine schwindende Mehrheit die Feiertage mit ihren kirchlichen Wurzeln. Inwiefern ist also mittlerweile auch hierzulande Religion zu einem Gut geworden, dass neu schmackhaft gemacht werden muss? Warum sind Deiner Meinung nach die Zahlen der Gläubigen so geschrumpft? Hat die konservative Kirchenpolitik vielleicht den jungen Menschen den Glauben verdorben? Oder geht es uns einfach zu gut, um noch an Gott zu glauben?

Dass in Amerika wesentlich mehr Leute in die Kirche gehen als in Europa, hat sicher viele Gründe. Ein Grund ist sicher, dass viele Glaubensgemeinschaften so stark für sich werben. Ein anderer, dass in einem so großen Land mit so vielen Möglichkeiten das Bedürfnis wächst, sich in überschaubaren Gruppen zusammenzutun, um ein Gefühl von Dazugehörigkeit und Heimat zu haben. In Europa hat man zu sehr auf Tradition gebaut, und oft genug haben sich die Priester nicht die Mühe gemacht, sich in die Herzen der Menschen hineinzufühlen. Aber auf der anderen Seite darf man den Gottesdienst auch nicht auf den Unterhaltungswert hin beurteilen. Es geht ja im Gottesdienst um die Begegnung mit Gott und auch um die Begegnung mit mir selbst. Es geht um das Eintauchen in eine andere Welt, in der nicht die Gesetze des Marktes herrschen, in eine heilige Welt. Heilig ist das, was der Welt entzogen ist. Dort im heiligen Raum hat die Welt mit ihren Maßstäben wie Erfolg und Reichtum keine Macht. Daher ist es ein freier Raum, in dem ich aufatmen kann. Oft wird das leider nicht in den Gottesdiensten sichtbar.

In Bayern hat man bis etwa 1960 die Religiosität am Kirchenbesuch gemessen. Heute denken die Leute da auch freier. Und sie lassen sich nicht mehr so leicht zu etwas Regelmäßigem verpflichten. Das geht nicht nur der Kirche so, sondern auch den Vereinen. Es gibt durchaus ein Bedürfnis nach Spiritualität. Und das wird auch öffentlich sichtbar. In der Fastenzeit z.B. schreiben viele Journalisten, was sie sich vorgenommen haben. Natürlich geht es da mehr um Verzicht, um Disziplin beim Essen. Aber man spürt, dass es noch eine religiöse Tradition gibt, die die Gesellschaft prägt. Nur wird das Prägende nicht mehr allein im Gottesdienst sichtbar.

Beim Gottesdienst brauchen wir sicher Phantasie, um ihn so zu gestalten, dass die Menschen angerührt werden. Entscheidend ist, dass wir in der Predigt die Menschen mit ihrer Sehnsucht ansprechen. Und dass wir die Rituale so feiern, dass sie spüren: Es geht um mich, um meine Verwandlung, um die Heilung meiner Wunden, um meine inneren Stärkung und Ermutigung.

Der Theologie-Professor Dr. Karl-Josef Kuschel sagte einmal: „Viele Menschen haben begriffen, dass diese Großideologien (...), nämlich der Glaube an einen ewigen gesellschaftlichen Fortschritt – sprich Sozialismus –, der Glaube an einen ewigen technischen Fortschritt – sprich Wissenschaftsgläubigkeit –, der Glaube an einen ewigen ökonomischen Fortschritt – sprich Weltfinanzkrise – zum Teil auf grandiosen Selbsttäuschungen beruhte. Wir haben da eine Phase der Entzauberung durchgemacht, der Ernüchterung; viele sprechen ja von einem postideologischen Vakuum. Das heißt, die Götzen bzw. diejenigen, die man zu Götzen erhoben hat, sind radikal entmythologisiert worden."

Psychologie, Wissenschaft und Wirtschaft allein machen uns also nicht glücklich. Siehst Du in diesem „postideologischen Vakuum" also vielleicht die Chance, dass der Glaube wieder eine Art Renaissance erlebt? Welche Sehnsüchte konnten die genannten Ideologien in uns Menschen nicht erfüllen, für die der Glauben vielleicht schon eine Antwort kennt?

C. G. Jung sagt ja: Sobald man Gott aus den Herzen der Menschen entfernt, setzen sich Götzen hinein. Und die Großideologien waren letztlich ein Gottesersatz. Man träumte vom ständigen Fortschritt. Man dachte, Gott brauche man nicht für den Fortschritt. Der Fortschritt mache alles besser. Wir schaffen uns selbst den Himmel. Aber das war eine Illusion, die in den letzten Jahren auch immer wieder zerplatzt ist. In all diesen Illusionen steckte ja die Sehnsucht des Menschen nach Glück, nach Wohlbefinden, Erfolg, Reichtum, nach einem schönen Leben. Aber die Menschen haben erkannt, dass das Leben nicht einfach schöner wird, selbst wenn man seine Wohnung noch so teuer baut und mit noch so vielen schönen Kunstwerken schmückt. Wenn die Seele nicht gesund ist, nützt die äußere Schönheit auch nichts. Wenn die Seele in sich keinen Reichtum trägt, kann der äußere Reichtum das innere Loch nicht füllen. Ich versuche, den Glauben dem heutigen Menschen so zu vermitteln, dass er seine tiefste Sehnsucht anspricht: die Sehnsucht nach Sinn im Leben, die Sehnsucht, getragen und geborgen zu sein, und die Sehnsucht, das Leben und die Welt so gestalten zu können, dass es für alle Menschen gut wird. Dafür stehen Gerechtigkeit, Liebe, Barmherzigkeit. Ohne diese christlichen Werte ist das Leben in der Gesellschaft nicht möglich.

Es ist verständlich, dass die Menschen sich ihre Sehnsucht selbst erfüllen möchten. Ich versuche, die Sehnsucht aufzugreifen und sie zu Ende zu denken. Dann wird deutlich, dass alle Ideologien und materiellen Güter die Sehnsucht nicht zu erfüllen vermögen.

Aber ich versuche vor allem, den Glauben nicht so zu verkünden, dass ich den Menschen ihre Fehler vorhalte. Es braucht einen Glauben, der uns trägt und der uns realistische Wege aufzeigt, wie wir in dieser Welt sinnvoll leben können und wie wir bei allem Streben nach einer besseren Zukunft letztlich diese Welt transzendieren und in Gott unseren tiefsten Halt und unsere eigentliche Zukunft sehen.

Du sagst in Deinem Buch über den heiligen Benedikt: „Wenn Glaube seine Wurzeln vernachlässigt, wird er schnell oberflächlich." Viele Menschen praktizieren heutzutage eine Patchwork-Religiosität: ein bisschen Buddhismus für die Seele, ein bisschen Christentum für das Brauchtum, dann noch ein gruseliges (heidnisches) Halloween-Fest, um den amerikanischen Kult-Feiertag zu imitieren. Wie stehst Du zu diesem Glaubens- und Kultur-Durcheinander, dass doch allen so viel Spaß macht?

Wir können sicher viel von anderen Religionen lernen. Aber man kann nur einen guten Dialog führen, wenn man selbst gesunde Wurzeln hat. Das hat Graf Dürckheim uns immer gesagt, der als Christ und Psychotherapeut Zen-Meditation geübt und gelehrt hat. Heute schwimmen viele Menschen von einem zum andern. Aber es ist alles nur an der Oberfläche. Es geht nicht in die Tiefe. Ich kann nur darauf hoffen, dass sie durch das Schnuppern an verschiedenen

Religionen irgendwann so tief berührt werden, dass sich ihr Herz für Gott öffnet. Das Interesse an verschiedenen Religionen halte ich durchaus für gut. Es zeigt zumindest das Interesse an Religion und Spiritualität überhaupt. Und natürlich lassen sich die Leute heute nicht autoritär auf einen religiösen Lebensvollzug allein festlegen. Ich sehe meine Aufgabe darin, diesen suchenden Menschen den Reichtum der christlichen Tradition so verständlich zu machen, dass sie darin eine Hilfe für ihr Leben finden und nicht überall suchen müssen. Aber die Offenheit für andere Religionen kann auch zu einer größeren inneren Freiheit der eigenen Tradition gegenüber führen. Ich kann dann die eigene religiöse Tradition reflektieren, was sie mir eigentlich bedeutet.

Du hast Deinen Glauben gründlich unter die Lupe genommen, Dich mit Vertretern anderer Religionen ausgetauscht. Warst Du jemals in Deiner eigenen Religionszugehörigkeit verunsichert? Was macht Dich als Katholik aus – warum ist diese Zugehörigkeit für Dich stimmig?

Ich habe mich vor allem mit protestantischer und orthodoxer Theologie auseinandergesetzt. Und ich habe mich dann später mit dem Buddhismus, dem Hinduismus und natürlich mit dem Judentum beschäftigt. Der Islam ist mir bisher eher fremd geblieben. Da habe ich nur sufische Texte gelesen, die mich auch sehr berührt haben.

Bei allem Dialog habe ich aber doch meine festen Wurzeln in der katholischen Tradition. Ich will die anderen Konfessionen und Religionen nicht herabsetzen. Aber ich bin dankbar für meine

Zugehörigkeit zur katholischen Kirche. Auch wenn mich an dieser Kirche manches ärgert, so freue ich mich am Reichtum ihrer spirituellen Tradition. Trotzdem kann ich auch eine orthodoxe Liturgie genießen und aus ihrer spirituellen Tradition schöpfen. Und ich kann von protestantischen Theologen Anregungen empfangen. Ich bin neugierig, wie die Buddhisten ihr Leben verstehen und mit Leid und Krankheit umgehen, wie sie meditieren und Gott erfahren. Aber bei all dem komme ich immer wieder zurück zu meinen katholischen Wurzeln. Katholisch ist für mich dabei mehr als „römisch katholisch". Katholisch heißt ja wörtlich: „allumfassend".

Geht es eigentlich wirklich darum, welche Zugehörigkeit ein gläubiger Mensch hat, oder ist diese Glaubenszugehörigkeit vielleicht nichts weiter als eine Art Sprachrohr, durch das er seine Spiritualität ausdrücken kann?

Die Begegnung mit Gott ist etwas ganz Persönliches. Aber der spirituelle Weg braucht durchaus einen Kontext und eine Gemeinschaft. Getragen von der Gemeinschaft und von der gemeinsamen Tradition gehe ich dann meinen persönlichen Weg mit Gott. Dabei ist klar, dass alle dogmatischen Lehren, alle Rituale und alle asketischen Übungen Hilfen sind, den Weg mit Gott zu gehen. Gott ist jenseits aller dogmatischen Aussagen, und Gott ist nicht gebunden an die Rituale und die asketische Praxis. Trotzdem wäre es für mich überheblich, wenn ich mir die dogmatischen Aussagen selbst zurechtlegen würde. Ich muss sie interpretieren und verstehen. Aber ich stelle sie nicht in Frage. Bindung und Freiheit gehören für mich zusammen. Und es ist wohl eine Kunst, jeweils zwei Pole – Bindung und Freiheit, Gemeinschaft und individueller Weg, Klarheit und Offenheit, Tradition und Dialog – zusammenzubringen. Jeder wird dies auf seine eigene Weise tun. Mir gibt das Getragensein durch die katholische Tradition die Freiheit, meinen ganz persönlichen Weg mit Gott zu gehen.

Diese kritische Auseinandersetzung mit der eigenen Religion finde ich absolut wichtig: Wenn ich meinen Glauben nicht kritisch auf den Prüfstand stelle, dann weiß ich eigentlich überhaupt nicht, warum ich glaube, und werde vielleicht zum leeren Religions-Imitator.

Vor Beginn meiner letzten Yoga-Stunde haben wir uns ein wenig über unsere religiösen Hintergründe unterhalten – und die sind ziemlich bunt: In der Gruppe sind zwei Christen, ein Buddhist, einige Agnostiker und ein Hindu. Wir verstehen uns alle wunderbar, haben alle eine ähnliche Auffassung von dem, was unserer Seele guttut. Wenn wir nicht über Religion sprechen, sondern über unsere Lebenseinstellung, könnte man sagen, dass wir eigentlich eine ziemlich homogene Gruppe sind. Aber die Religion ist dennoch ein Element, das uns mehr trennt als vereint. Es gibt ja durchaus Stimmen, die behaupten, dass eine Welt ganz ohne Religion besser wäre, denn dann müssten Menschen aus ihrem eigenen Gewissen heraus handeln und könnten sich nicht auf religiöse Doktrinen stützen. Ähnlich würde es wohl sein, wenn wir alle Parteien abschaffen. Dann würden wir Politiker nach ihren wirklichen Werten beurteilen und nicht aufgrund ihrer Parteizugehörigkeit annehmen, dass sie unsere Werte auch tatsächlich vertreten. Dann wären sie persönlich dafür verantwortlich, wie viele Stimmen sie erhalten.

Ich bin allerdings der Meinung, dass wir leider nicht ohne moralische Führung auskommen. Wenn es keine Religion gäbe, dann würden wir andere Autoritäten suchen, denen wir folgen könnten. Menschen folgen einfach gerne anderen Menschen oder Ideen – diese Tatsache hat sich ja (leider) historisch immer wieder bewahrheitet. Nur wenige von uns haben ein so solides Moral-Gerüst, dass wir uns ohne eine geistige Stütze durchs Leben bewegen können.

Aufgrund der Religionsvielfalt gibt es mehrere Möglichkeiten uns zu orientieren.

Inwieweit ist die Tatsache, dass es so viele unterschiedliche Religionen und ebenso viele Götter auf dieser Welt gibt, vielleicht sogar ein Argument *für* die Idee der Religion, aber *gegen* die wirkliche Existenz Gottes?

Es freut mich, dass Ihr Euch in Eurer Gruppe gut versteht. Wer sich für die spirituelle Erfahrung öffnet, der kann auch offen miteinander sprechen und der versteht sich gut mit Anhängern anderer Religionen. Wichtig ist bei diesem Dialog, dass ich voller Achtung für den andern bin, dass ich genau hinhöre: Wie versteht er sein Leben? Was bedeutet für ihn Gott? Warum geht er diesen spirituellen Weg? Welche Erfahrungen macht er in seiner Religion mit sich und mit Gott? Ich achte dann seine Erfahrungen, werde neugierig, in der eigenen Tradition vielleicht auch ähnliche Aussagen oder Praktiken zu entdecken. Ich entdecke den Reichtum meiner eigenen Tradition durch den Dialog mit anderen Religionen. Mir sind manche Sätze in der Bibel neu aufgegangen, als ich mich mit Buddhismus und Taoismus beschäftigt habe.

Religionen, die ängstlich an ihrem eigenen Glaubenssystem festhalten und andere Religionen gewaltsam bekämpfen, sind eine
große Gefahr für die Menschheit. Aber das ist eben eine Verfäl-
schung der Religion. Wenn es gar keine Religion gäbe, würde der
Mensch sich irgendetwas anderes suchen, was seine religiöse Sehnsucht ausfüllt. Schon C. G. Jung sagt als Psychologe: „Wenn jemand
auf die seltsame Idee kommt, Gott sei tot, oder sei überhaupt nicht,
so kehrt das psychische Gottesbild, welches eine bestimmte dyna-
mische und psychische Struktur darstellt, ins Subjekt zurück und
erzeugt ‚Gottähnlichkeit', nämlich alle jene Eigenschaften, die zur
Katastrophe führen." An die Stelle Gottes tritt dann ein Götze: Geld
oder Ruhm oder Sexualität oder Macht. Die Religion tut dem Menschen gut. Sie macht ihn menschlich.

Sigmund Freud sah die Religion nur als Krücke an, damit der
Mensch sich einigermaßen in der Welt zurechtfindet. Aber die
Lösung, die Freud angibt, einfach nur die Realität anzunehmen,
ohne religiösen Überbau, ist für mich pessimistisch und freudlos.
Da traue ich mehr der psychologischen Argumentation von C. G.
Jung, der meint: Die Weisheit der Seele weiß um Gott. Und wenn
wir gegen die Weisheit der Seele rein rational argumentieren,
dann werden wir ruhelos, rastlos und neurotisch. Natürlich kann
man sich die Frage stellen, ob Religion nur ein Trick der Seele ist,
um gut zu leben. Aber dann stehen wir vor der Frage, ob alle unsere Erkenntnis nur eine Täuschung ist oder ob wir überhaupt etwas erkennen können. Und wenn ich mir diese Frage stelle, dann
entscheide ich mich für die Alternative der Religion. Dann sage
ich mir: Ich traue der Bibel, ich traue der hl. Teresa von Àvila oder
Edith Stein. Ich setze auf die Karte des Glaubens.

Für mich gibt es nur einen Gott und nicht viele Götter. Aber es gibt viele Gottesbilder. Auch in jeder Religion haben wir andere Bilder von Gott. Und jeder Mensch hat sein eigenes Gottesbild. All diese Bilder weisen nur auf Gott hin. Gott selbst ist jenseits der Bilder. Und alle Religionen sollten sich bewusst machen, dass sie gemeinsam auf dem Weg sind zu diesem Gott jenseits aller Bilder. Wenn mir das bewusst ist, bekämpfe ich nicht andere Religionen, sondern nehme die Bilder ernst, die sie von Gott haben. Aber ich traue dann zugleich meinen eigenen Bildern, die mich auf verlässliche Weise zu dem Gott führen, der jenseits aller Bilder ist: unbegreiflich, unbeschreiblich, das absolute Geheimnis, das uns alle umgibt und auf das hin wir alle unterwegs sind.

Ich stelle mir das annäherungsweise vor wie in der Philosophie – mit vielen verschiedenen Denkansätzen und logischen Argumenten versucht man, die Wahrheit zu erspüren. Dabei kommen auch die Philosophen zu unterschiedlichen Ergebnissen, aber alle haben die Wahrheit zum Ziel, so subjektiv sie auch sein mag. Theologie und Philosophie sind außerdem kulturspezifisch – östliche und westliche Philosophien unterscheiden sich oftmals ziemlich.

Auch an der Ernährung kann man es, zugegeben etwas banaler, aufzeigen: Das Grundproblem besteht weltweit darin, Hunger zu beseitigen. Es bestehen große Unterschiede in der Frage, wo und wie Nahrungsmittel angebaut und verteilt werden können, aber auch was, wann und in welcher Form zubereitet und gegessen wird. Nicht jedes Gericht schmeckt allen gleich gut – und manche haben schlicht zu wenig oder überhaupt nichts auf dem Teller. Vor allen Geschmacksfragen steht aber das Grundbedürfnis, überhaupt etwas zu essen zu haben.

Inwiefern können wir also Religion auf das eigentliche Grundbedürfnis – der Suche nach mehr als uns selbst – reduzieren, dass wohl alle Menschen in sich tragen?

Jede Religion sucht nach Gott. Und jede Religion hat bestimmte Bilder von Gott und Bilder vom Menschen. Jede Religion sucht Wege, wie der Mensch vor Gott leben und wie er seine Beziehung zu Gott ausdrücken soll. Wir Christen haben den Anspruch, dass Jesus nicht nur ein Religionsgründer unter vielen, sondern Gottes Sohn ist, dass er also auf einmalige Weise Gott in dieser Welt widerspiegelt und verkündet. Wir nehmen die anderen Religionen ernst und schätzen sie. Aber wir glauben, dass die Botschaft Jesu letztlich eine Antwort auf alle Sehnsüchte der anderen Religionen ist. Wir stehen nicht unter dem Druck, dass wir alle von Jesus überzeugen müssen. Vielmehr dürfen wir vertrauen, dass jeder, der nach seinem Gewissen lebt, letztlich irgendwann, spätestens im Tod, auch Gott erkennt – als das Ziel seiner Sehnsucht.

Ich erinnere mich an eine Fernseh-Dokumentation über die Apollo-Flüge der amerikanischen Astronauten. Auf die Frage des Journalisten, welchen Eindruck er von seiner Reise zum Mond wohl am stärksten in Erinnerung behalten würde, antwortete der Astronaut Gene Cernan, dass er beim Anblick der Planeten aus der Ferne erkennen musste, dass es wohl eine größere Kraft geben muss, etwas, was größer ist, als alles, was wir uns vorstellen können. Er sagt über seine Erfahrung auf dem Mond: „Ich fühlte mich als stünde ich also auf einem Plateau irgendwo im All – ein

Plateau, zu dem ich nur mit Hilfe der Wissenschaft und Technik gekommen bin. Aber was ich in dem Moment sah, und wichtiger noch, was ich fühlte, dafür hatte die Wissenschaft und Technik keine Antworten mehr. (…) Ich hatte das Gefühl, dass alles zu viel Sinn machte und zu logisch war, dass alles viel zu schön war, um rein zufällig entstanden zu sein. Es *muss* irgendjemanden geben, der grösser als Du und ich ist – und ich meine das rein spirituell, nicht religiös – es muss also einen Schöpfer geben, der über allen Religionen steht, die wir selbst erfunden haben, um unser eigenes Leben zu regeln."

Es ist schon verblüffend, dass es kaum ein Volk ohne Religion gibt. Ob es sich nun um das Christentum handelt oder aber um stammeseigene Glaubensformen bei den Aborigines aus Australien – Menschen wollen glauben. Natürlich kann man argumentieren, dass Glauben immer da anfängt, wo Wissen aufhört – und je weniger die Menschen über unsere Entwicklungsgeschichte, Krankheiten oder Wetterkonstellationen wussten, desto mehr mussten sie sich diese Gegebenheiten über ihren Glauben erklären.

Ist Wissenschaft deiner Meinung nach das Ende, oder vielleicht sogar der Anfang des Glaubens? Und woher stammt dieses „spirituelle Loch" im Herzen der Menschen, dass wir weltweit nach mehr suchen, als wir sehen, hören, schmecken oder fühlen können?

Es gibt in den verschiedenen Religionen Erklärungsmodelle für die Wirklichkeit. Manche dieser Modelle werden durch die Wissenschaft als nicht angemessen zurückgewiesen. Aber die Wissenschaft kann nicht den Glauben abweisen. Denn der Glaube liegt auf einer anderen Ebene. Das biblische Modell der Schöpfungsgeschichte, dass die Erde in sieben Tagen entstand, ist ein Mythos, der in Bildern erklärt, dass Gott die Welt erschaffen hat. Es ist keine naturwissenschaftliche Beschreibung. Durch die Evolutionstheorie und die verschiedenen kosmologischen Modelle hat die Wissenschaft versucht, die Beschreibungen in der Bibel zu widerlegen. Und dennoch trägt der biblische Text eine Wahrheit in sich. Aber es ist keine naturwissenschaftliche Wahrheit, sondern eine Wahrheit auf einer anderen Ebene. Die Bibel erzählt davon, dass die Schöpfung ein Geheimnis ist und dass Gott selbst diese Welt geformt hat. Dass Gott die Welt geformt hat, kann die Wissenschaft weder beweisen noch leugnen.

Nach C. G. Jung ist es die Weisheit der Seele, die darum weiß, dass wir Menschen uns nach Gott sehnen. Und diese Weisheit der Seele weiß auch, dass es unserer Seele guttut, dass wir erst wahrhaft Menschen werden, wenn wir zu etwas Größerem aufschauen. Sonst sind wir in Gefahr, uns selbst zu den Größten zu machen. Doch unter diesem Größenwahn – wie wir ihn unter Hitler oder Stalin gesehen haben – leidet die ganze Welt. Im Traum – so sagt C. G. Jung – gibt es keine Atheisten. Denn da tauchen religiöse Symbole auf. Unsere Seele sagt uns im Traum, dass es in uns eine religiöse Dimension gibt, auf die wir eine Antwort geben sollen. Und Jung hat festgestellt, dass es unter allen seinen Patienten über 35 Jahren keinen gab, dessen Problem letztlich kein religiöses war. Doch das hatte für ihn nichts mit der Zugehörigkeit zu einer Konfession zu tun. Es ist einfach eine religiöse Anlage der Seele, die wir berücksichtigen müssen, damit wir in ein gesundes seelisches Gleichgewicht kommen.

Du hast recht – die Wissenschaft kann den Glauben nicht wirklich widerlegen. Es gibt auch einige renommierte Forscher, die aufgrund ihrer wissenschaftlichen Recherchen zu der Schlussfolgerung kommen, dass es einen Gott geben muss. Der deutsche Nobelpreisträger in Physik, Arno Penzias, sagt beispielsweise: „Die Astronomie führt uns zu einem einzigartigen Ereignis, einem Universum, das aus dem Nichts erschaffen wurde, eines mit dem sehr feinen Gleichgewicht, welches genau die notwendigen Bedingungen lieferte, um das Leben auf der Erde zu ermöglichen, und [einem Universum], welches einen grundlegenden (man könnte sagen „übernatürlichen") Plan aufzuweisen hat. Daher scheinen die Beobachtungen der modernen Wissenschaft zur selben Schlussfolgerung zu führen wie Jahrhunderte alte Intuition."

Ein weiterer Nobelpreisträger für Physik, Carlo Rubbia, wurde sogar erst durch seine Forschungsarbeit von einer Art „höherer Existenz" überzeugt. Er sagt: „Wenn wir die Galaxien der Sternenwelt zählen oder die Existenz von Elementarteilchen beweisen, so sind das wahrscheinlich keine Gottesbeweise. Aber als Forscher bin ich tief beeindruckt durch die Ordnung und die Schönheit, die ich im Kosmos finde, so wie im Inneren der materiellen Dinge. Und als Beobachter der Natur kann ich den Gedanken nicht zurückweisen, dass hier eine höhere Ordnung der Dinge im Voraus existiert. Die Vorstellung, dass dies alles das Ergebnis eines Zufalls oder bloß statistischer Vielfalt sei, das ist für mich vollkommen unannehmbar. Es ist hier eine Intelligenz auf einer höheren Ebene vorgegeben, jenseits der Existenz des Universums selbst."

Gott ist und bleibt dennoch unerklärbar und ungreifbar, und obwohl manche Wissenschaftler über die Ordnung und Regelmäßigkeit der Welt staunen und auf eine höhere Kraft verweisen, haben wir immer noch nicht erklärt, warum es überhaupt und derartig verschiedene Religionen gibt. Wenn es tatsächlich nur einen Gott gibt, dann müssen wir uns fragen, ob die unterschiedlichen Religionen nicht doch nur unsere vielfältigen menschlichen Versuche sind, diesen Gott zu begreifen. Um dieser Frage näher auf den Grund zu gehen, braucht es die Überlegung, wann ein Mensch zum ersten Mal von sich aus Religiosität anstrebt.

Wenn ich zum Beispiel an meine Kinder denke, als sie noch sehr klein waren, dann fällt mir auf, dass sie einfach aus ihrer Mitte heraus handelten und immer im Augenblick lebten. Ein Verhalten, dass wir Erwachsenen uns erst wieder mühsam antrainieren müssen. Ein kleines Kind folgt seinen Instinkten: Es kennt keine festen Essenszeiten – es will dann essen, wenn es Hunger hat, und es schmatzt, wenn es ihm schmeckt. Ein kleines Kind kennt keine Geduld – es lacht und es weint, wenn ihm gerade danach ist. Aber kleine Kinder sind auch egoistisch – sie versuchen sich das zu nehmen, was sie gerade wollen, ohne Rücksichtnahme auf andere.

Nimmt die Religion vielleicht dann Einzug in unser Leben, wenn wir versuchen, unseren Egoismus gegen ein Miteinander einzutauschen? Zu dem Zeitpunkt also, in dem wir unser glückseliges Leben im Augenblick aufgeben? Warum geht uns unser Gefühl von Ganzheit und „In-Ordnung-Sein" irgendwo auf dem Weg ins Erwachsenenalter verloren? Und ist die Religion vielleicht nur eine Hilfestellung, uns dieses Gefühl des „In-Ordnung-Seins" wieder zurückzuholen?

Es ist eine interessante Definition von Religion, die Du gibst: Religion als Hilfestellung, uns das Gefühl des „In-Ordnung-Seins" wieder zurückzuholen. Ja, wir können nicht immer im kindlichen

Status verbleiben. Auf der einen Seite hat es etwas Faszinierendes: Wir sind ganz im Augenblick, ganz im Einklang mit uns selbst. Auf der anderen Seite aber leben wir unsere Bedürfnisse ohne Rücksicht auf andere. Erwachsenwerden heißt: Abstand zu seinen eigenen Bedürfnissen zu bekommen, bewusst zu leben, sich bewusst zu entscheiden. Aber die Kunst, ganz im Augenblick zu leben, sollten wir auch als Erwachsene üben. Allerdings spüren wir auf diesem Weg des Erwachsenen, dass wir immer zurückbleiben hinter unseren Erwartungen, dass wir uns oft zu sehr von außen her definieren, von Erfolg oder Misserfolg, Angenommenwerden oder Ablehnung.

Der Glaube – oder die Religion – gibt uns das Gefühl: Du bist bedingungslos angenommen. In der Taufe wurde uns zugesagt: „Du bist mein geliebter Sohn, du bist meine geliebte Tochter. An dir habe ich Gefallen." Wir sind bedingungslos angenommen, vor aller Leistung, vor allem Sich-Beweisen-Müssen. Wir dürfen so sein, wie wir sind, auch in unserer Brüchigkeit. Wir sind vor Gott in Ordnung, weil er uns mit seiner Liebe bedingungslos annimmt. Das bedeutet allerdings nicht, dass wir die Hände in den Schoß legen und uns mit dem zufrieden geben dürfen, was wir sind. Wir wollen ja auch wachsen, so wie ein Baum oder eine Blume wächst. Das Ziel ist, dass wir aufblühen. Aber es gilt: Es kann nur wachsen, was ich angenommen habe. Ich kann nur dann weiterkommen auf meinem Weg, wenn ich mich damit aussöhne, dass ich jetzt gerade an diesem Ort meines Weges stehe und nicht schon am Ziel. Religion ist beides: Eine Hilfestellung, dass wir uns ganz und gar akzeptieren können, weil wir von Gott akzeptiert sind. Und eine Herausforderung, zu wachsen, in die Gestalt, das Bild hineinzuwachsen, die Gott sich von uns gemacht hat – der zu werden, der wir von unserem Wesen her sind.

DANKBARKEIT UND DIE SUCHE NACH DEM SINN

Ich gehe an dieser Stelle noch einen Schritt weiter: Ist es vielleicht sogar so, dass wir Menschen im Grunde einfach unser Glück nicht fassen können, vor allen anderen Geschöpfen dieser Welt die Fähigkeiten geschenkt bekommen zu haben, die es uns erlauben, zu lieben und zu lachen, zu forschen und kontemplativ zu leben? Ist es also vielleicht so, dass wir aus diesem Gefühl des Glückes heraus, und aus der Demut vor diesem Wunder, nach etwas Größerem suchen, weil es sonst keinen Sinn macht, so viel Glück geschenkt bekommen zu haben? Wir fragen uns, wer überhaupt dafür verantwortlich sein kann, dass wir so viel Glück hatten.

In Zeiten, in denen es uns so richtig gut geht, in denen uns alles zu gelingen scheint, ist oft die Versuchung groß, unsere Dankbarkeit zu verlieren. Interessanterweise negieren wir in solchen Zeiten auch eher die Bedeutung des Glaubens.

Früher haben sich die Menschen Donner und Blitz und andere Naturphänomene anhand von Götterstreitigkeiten erklärt. Heute ist durch die Wissenschaft fast alles in logische Einzelvorgänge seziert worden. Vor einer Frage kommen wir allerdings mit nüchternen Erklärungen weiterhin ins Stolpern: Was ist unser Sinn auf dieser Erde?

Gäbe es keinen größeren Sinn, dann wären wir nichts weiter als eine Ameisenkolonie, die versucht, ihre Gesellschaft zu erhalten und zu organisieren. Dann wäre unser unnachgiebiger Versuch, todkranke Menschen so lange wie irgend möglich am Leben zu erhalten, nichts weiter als ein seltsames Experiment mit Blick auf die Arterhaltung.

Geben deshalb Religionen vielleicht einfach nur unseren staunenden, suchenden Seelen ein Zuhause, indem wir glauben dürfen, dass alles einen Sinn macht, dass Schicksalsschläge und

Wunden mehr sein können als Schmerz und Verzweiflung, und dass Glück und Gelingen auch mit Dankbarkeit und Demut einherkommen sollen?

Ist die Quintessenz speziell unserer christlichen Religion also vielleicht einfach das Gefühl von Optimismus, Dankbarkeit, Glück und Demut?

Es ist eine Urfrage des Menschen, die die Philosophen aller Zeiten zu beantworten suchten: Warum ist überhaupt etwas und nicht nichts? Warum leben wir? Was ist der Sinn des Lebens? Viktor Frankl, der jüdische Therapeut, der sechs Konzentrationslager überlebt hat, meinte, heute würden die Menschen nicht so sehr wegen Triebverdrängung krank – wie zu Zeiten Sigmund Freuds –, sondern durch Sinnlosigkeit.

Es ist offensichtlich für die Gesundheit des Menschen notwendig, in seinem Leben einen Sinn zu suchen. Und der Sinn kann nicht nur im Geldverdienen und Erfolghaben bestehen. Das würde zu kurz greifen. Die Suche nach Sinn führt den Menschen immer schon über sich hinaus auf das Geheimnis hin, dass wir Gott nennen. Der Sinn muss größer sein als wir selbst. Nur dann hält er uns in Bewegung. Für mich gibt es einen zweifachen Sinn: Erstens, dass ich ganz der bin, der ich bin – dass ich mein Leben lang nach dem Geheimnis meiner Person suche und meine ganz persönliche Lebensspur in diese Welt eingrabe, die meinem Wesen entspricht. Zweitens, dass ich einen Auftrag habe, eine Sendung, diese Welt menschlicher zu gestalten, andern Menschen Freude zu machen, ihnen zu helfen.

In dieser Spannung wird unser Leben lebendig: authentisch zu sein und einen Auftrag zu spüren, den wir in dieser Welt leben wollen. Und bei diesem Auftrag suche ich mir nicht etwas Beliebiges aus, sondern frage Gott, wozu er mich in diese Welt sendet. Diese Sendung hält uns lebendig und macht unser Leben fruchtbar.

Es ist sicher die Aufgabe der Religionen, unseren suchenden Seelen ein Zuhause zu geben und ein Vertrauen, das sich auch durch Schicksalsschläge nicht entmutigen lässt. Die Religion schenkt mir das Vertrauen, dass ich von Gott getragen bin, auch wenn nach außen hin alles zusammenzustürzen scheint. Insofern schenkt dieser Glaube Dankbarkeit und Vertrauen. Glück ist ein großes Wort. Alle Menschen wollen glücklich sein, stellt schon Platon als Hypothese auf. Heute suchen alle nach Glück. Und sie meinen, sie würden es darin finden, sich möglichst viel zu gönnen. Doch Glück finde ich nur dort, wo ich im Einklang bin mit mir selbst und wo ich in einem Größeren geborgen bin. Das Staunen vor dem Wunderbaren des Seins gehört zum Glück. Und dieses Staunen weist immer über uns hinaus. Ich bestaune das, was größer ist als ich selbst. Insofern sind für mich all die Haltungen, die zum Glück des Menschen notwendig sind, letztlich in der Religion begründet: im Getragensein von Gott, im Geliebtsein von Gott, im Durchdrungensein von Gott und Gottes Liebe. Ich muss nicht alles selber machen. Ich darf auch empfangen. Und die Grundtatsache meines Lebens ist: Ich bin geliebt. Ich bin einmalig. Ich bin wertvoll. All diese Botschaften finde ich in der Religion, nicht nur in der christlichen, sondern letztlich in jeder Religion, die für den Menschen heilsam ist. Es gibt natürlich auch Formen der Religion, die den Menschen eher klein machen und ihm Angst einjagen. Doch das sind Fehlformen.

Du sprichst immer wieder von den *Fehlformen der Religion*. Was genau meinst Du damit – und wie sind diese Formen entstanden? Woher wissen wir, wie wir die Religion „richtig" auslegen? Ist es in diesem Zusammenhang vielleicht am „sichersten", sich auf die persönliche Beziehung zu Gott zu verlassen, um damit von vornherein allen offiziellen, kirchlichen Fehlinterpretationen aus dem Weg zu gehen?

Fehlformen von Religion entstehen immer da, wo Menschen mit Religion Angst gemacht wird. Wo Angst gemacht wird, wird auch Macht ausgeübt und dort entsteht auch Gewalt. Das gilt etwa für manche Formen in der katholischen Kirche zur Zeit der Reformation. Da hat man den Leuten erzählt, sie würden entweder in die Hölle kommen oder lange im Fegfeuer bleiben, wenn sie falsch handeln. Und man könnte der Strafe entgehen, wenn man Geld für Ablässe zahlte. Diese Form von Angst und Geldverdienen wird auch heute noch in manchen Pfingstkirchen ausgeübt. Mir erzählte ein Franziskaner, der einen Gottesdienst in einer Pfingstkirche in Brasilien besuchte: Da geht der Prediger auf jeden zu und sagt: Du hast auch schon mal die Ehe gebrochen oder gestohlen oder betrogen. Aber Gott ist großzügig. Er verzeiht alles. Aber wir müssen ihm etwas geben. Und schon wird den Leuten das Geld aus der Tasche gezogen. Fundamentalistische Kreise arbeiten mit Angst, und aus dieser Angst heraus üben sie Gewalt aus. So beschimpfen sie Andersdenkende oder töten sie sogar, wenn sie ihnen in die Quere kommen.

Religion will Halt geben, Geborgenheit schenken. Und alle Religionen rufen letztlich zur Liebe auf. Immer wo die Religion den

Menschen zur Liebe führt, ist es eine gute Form. Und zur Liebe gehört immer auch Toleranz und Freiheit.

Ich habe keine Angst vor kirchlicher Fehlinterpretation. Da glaube ich durchaus an die Unfehlbarkeit der Kirche als Ganzes. Das, was sie offiziell als Glaubenslehre verkündet, war nie eine Fehlform der Religion. Ich habe Dir ja schon einmal geschrieben, dass alle dogmatischen Versuche der Kirche, den Glauben zu erklären, letztlich das Geheimnis offen halten wollen. Die Dogmen schützen das Geheimnis Gottes und wehren sich gegen dessen Vereinnahmung für persönliche Zwecke.

Natürlich geht es in der Religion letztlich um eine persönliche Beziehung zu Gott und um eine individuelle Gotteserfahrung. Dort, wo ich Gott wirklich erfahre, erlebe ich immer Freiheit, Liebe, Frieden, Lebendigkeit und Weite. Die Religionen haben die Aufgabe, den Menschen einen solchen Ort der Gotteserfahrung anzubieten. Dort, wo die Religionen Gott vereinnahmen wollen und sich selbst in den Mittelpunkt stellen, entstehen immer Fehlformen.

DIE FRAGEN DER PHILOSOPHIE UND DIE ANTWORTEN DER BIBEL

Ich will in diesem Zusammenhang noch einmal auf die Bibel zu sprechen kommen.

Ich habe mich erkundigt: Die allerersten Niederschriften zum Alten Testament stammen ungefähr aus der Zeit 1400 Jahre vor Christus. Es erzählt allerdings auch von Tatsachen und Ereignissen, die sich lange vor dieser Zeit zugetragen haben (zum Beispiel die Schöpfung und die Geschichte der Sintflut).

Das frühe Israel lebte von mündlichen Überlieferungen, und es gab damals kaum Niederschriften. Die frühen Geschichten im Alten Testament basieren also auf Liedern, Geschichten und Gedichten, die über Generationen weitergegeben wurden. Das erinnert fast an Flüsterpost. Ich frage einmal provokant: Müssen wir uns die Bibel als ein Buch voller Weisheit vorstellen und weniger auf die Details, als vielmehr auf die Botschaft achten? Ist es insofern vielleicht schwierig, Streitpunkte, die heute gesellschaftlich relevant sind, wie zum Beispiel die Schwangerschaftsverhütung oder Homosexualität, mit Bibeltexten zu begründen oder abzulehnen? Wird hier der eigentliche Wert der Bibel für politische und religiöse Machtspiele missbraucht – denn wer kann schon der Bibel wiedersprechen?

Wie verstehst Du die Bibel?

Wir müssen in der Bibel unterscheiden zwischen geschichtlichen Texten und mythischen Texten, zwischen Erzählungen, Gleichnissen und Bildworten. Mit Eugen Drewermann, der viel über die tiefenpsychologische Schriftauslegung geschrieben hat, sage ich: Die Bibel erzählt Geschehenes, aber sie erzählt es immer schon in Bildern. Und zwar in archetypischen Bildern, die eine heilsame Wirkung auf uns haben, die uns auf unser wahres Selbst hin zentrieren. Wir können die reinen Fakten nicht mehr genau erkennen. Das ist auch gar nicht wichtig. Die Fakten, die wir im Computer speichern können, bekommen für uns erst eine Bedeutung, wenn sie gedeutet werden. Die Bibel deutet die Fakten durch Bilder. Und wir können an das Geschehene nur durch die Bilder herankommen, aber manchmal nicht mehr genau erkennen, was damals wirklich geschehen ist.

Wir dürfen die Bibel aber auch nicht als einen rein moralischen Wegweiser betrachten. Sonst würden wir der Versuchung des deutschen Philosophen Immanuel Kant erliegen, der die Religion nur als moralische Besserungsanstalt verstanden hat. Die Bibel erzählt vielmehr von Erfahrungen des Menschen mit Gott. Sie will uns einführen in diese Gotteserfahrungen. Und die Bibel ist für mich auch Wort Gottes. Aber das muss man richtig verstehen. Die Worte der Bibel sind nicht einfach vom Himmel gefallen. Menschen haben das aufgeschrieben. Und die Bibel als heiliges Buch sagt mir, dass diese Erfahrungen für mich wichtig sind, dass ich mich mit diesen Erfahrungen auseinandersetzen muss, dass in ihnen ein Anspruch an mich liegt.

Die Frage der Schwangerschaftsverhütung wird in der Bibel überhaupt nicht behandelt. Und bei der Frage der Homosexualität müssen wir genau hinschauen, was die biblischen Texte – vor allem in den Briefen des hl. Paulus – wirklich sagen wollen. Fundamentalisten nehmen jeden biblischen Text wie eine feste Behauptung. Sie kennen letztlich nur die reine Informationssprache. Sie haben keinen Blick dafür, dass die Bibel viele Sprachformen hat: Geschichtserzählungen, Mythen, Märchen, Sagen, Gleichnisse, Heilungsgeschichten, Worte, Gesetzestexte usw. Und jede dieser sprachlichen Formen hat ihre eigene Wahrheit. Aber ich darf die Bildworte nicht zu moralischen Gesetzesworten umformen. Damit würde ich sie verfälschen.

Für mich ist die Bibel die wichtigste Quelle, aus der ich schöpfe. Und ich komme nie zu Ende, die Bibel zu verstehen und in ihr das Wort zu entdecken, das Gott heute zu mir spricht. Aber für mich ist bei der Auslegung der Bibel der Schlüssel wichtig, den der hl. Augustinus uns an die Hand gegeben hat. Er sagt: „Das Wort Gottes ist der Gegner deines Willens, bis es der Urheber deines Heiles wird. Solange du dein eigener Feind bist, ist auch das Wort Gottes dein Feind. Sei dein eigener Freund, dann ist auch das Wort Gottes mit dir im Einklang."

Wenn mich das Wort der Bibel ärgert, ist das immer eine Einladung, mein eigenes Selbstbild genau anzuschauen. Jesus will mich mit provozierenden Worten herauslocken und mir sagen: Du siehst dich selbst verkehrt. Es ist also eine Einladung, mich richtig zu sehen. Und mich richtig sehen, heißt: freundlich mit mir umgehen, in Einklang kommen mit meinem wahren Selbst. Das Wort der Bibel will immer Leben wecken. Dort, wo es Angst macht, wo es als politische Waffe genutzt wird, wird es verfälscht.

Du hast außer Theologie und Betriebswirtschaft auch noch Philosophie studiert – und viele Philosophen stehen der Religion und der Idee eines Gottes durchaus kritisch gegenüber. Ludwig Feuerbach sagte zum Beispiel: „Denn nicht der Gott schuf den Menschen nach seinem Bilde, wie es in der Bibel steht, sondern der Mensch schuf (…) Gott nach seinem Bilde." Friedrich Nietzsche setzt noch eins drauf und proklamiert den von Dir schon erwähnten Satz: „Gott ist tot"! Wie kannst Du die logischen Erklärungen gegen die Existenz eines Gottes aus dem Philosophiestudium mit den Lehren Deines Theologiestudiums vereinbaren, und wie hat dieser Kontrast Deinen Glauben beeinflusst?

Ich habe beim Philosophiestudium vor allem die griechischen Philosophen studiert. Und die gehen alle von der Existenz Gottes aus. Dann habe ich mich mit der christlichen Philosophie des Mittelalters beschäftigt, vor allem mit Thomas von Aquin, und mit der Existenzphilosophie von Menschen wie Martin Heidegger, Karl Jaspers, Hans-Georg Gadamer oder den französischen Existentialisten wie Albert Camus oder Jean Paul Sartre. Ludwig Feuerbach hat mich nicht interessiert. Seine Aussagen kann ich nur psychologisch deuten. Natürlich gibt es Gottesbilder, die durch unsere Projektion entstanden sind. Das geschieht auch heute noch, dass sich Menschen ein Gottesbild zurechtformen, das sie bestätigt, mit dem sie sich z.B. über andere stellen. Aber das spricht nicht gegen die Existenz Gottes, gegen das absolute Geheimnis, das uns umgibt. Selbst Friedrich Nietzsche kam letztlich nicht von Gott los. Er hat natürlich auch wichtige Wahrheiten verkündet. Er hat manche Deformation des Christlichen aufgedeckt. Aber er hat selbst an seinen Einsichten gelitten und konnte sie nicht in sein Leben integrieren. Er war sich nicht so sicher, dass Gott tot ist. Und vor allem hat er darunter gelitten, dass dann die Welt sehr kalt wird. Er war hin- und hergerissen zwischen seiner Sehnsucht, in Gott Halt zu finden, und seiner Rebellion gegen ein moralisierendes Christentum. Aber seine Gedanken sind dann von den Nazis missbraucht worden – zur Philosophie des Herrenmenschen.

Jeder Philosoph, den ich genannt habe, hat etwas von der Wahrheit gespürt. Aber manche von ihnen haben ihre Einsichten verabsolutiert. Und damit sind sie letztlich gescheitert. Für mich war und ist die Philosophie eine Herausforderung, meinen Glauben auch vor meiner Vernunft zu begründen und zu verstehen. Aber kein Philosoph hat es fertig gebracht, meinen Glauben wirklich zu erschüttern.

Trotz seiner scharfen Kritik am Christentum scheint Friedrich Nietzsche in „Der Antichrist" eher gegen die Auslegung der Religion durch die Kirche zu protestieren, als gegen die Lehren von Jesus Christus: „Dieser ‚frohe Botschafter' starb wie er lebte, wie er lehrte – nicht um ‚die Menschen zu erlösen', sondern um zu zeigen, wie man zu leben hat. Die *Praktik* ist es, welche er der Menschheit hinterließ (…) er bittet, er leidet, er liebt *mit* denen, *in* denen, die ihm Böses tun… *Nicht* sich wehren, *nicht* zürnen, *nicht* verantwortlich-machen… Sondern auch nicht dem Bösen widerstehen, – ihn *lieben* …"

Haben vielleicht die Kirche und ihre Anhänger aufgrund ihrer eigenen Komplexe und Bedürfnisse den eigentlichen Kern des Christentums über die Jahrtausende kompliziert oder sogar verstellt?

Nietzsche kam letztlich nicht von Christus los. Und viele seiner Einsichten sind sicher auch heute noch für uns eine Herausforderung. Nietzsche rebelliert gegen ein Christentum, das damals vor allem in der evangelischen Kirche – er war ja Sohn eines protestantischen Pastors – einseitig die Sünde des Menschen hervorgehoben hat. Das Christentum hat zu dieser Zeit den Menschen sehr pessimistisch gesehen. Und die Kirche hat natürlich durch das schlechte Gewissen, das sie in den Menschen ausgelöst hat, Macht ausgeübt. Daher sind die Worte Nietzsches eine Herausforderung, sich von dieser pessimistischen und die Lebensfreude verhindernden Sicht des Christentums zu lösen. Aber Nietzsche hat oft das Kind mit dem Bade ausgeschüttet. Er ist über das Ziel hinausgeschossen. Er hat selbst gelitten, an der Form des Christentums und auch an sich selbst. Und manche seiner Aussagen über Jesus zeigen, dass er tief in seiner Seele von ihm berührt war. Nietzsche fasziniert mich mit seiner Sprache. Ich spüre, wie sie aus einem verwundeten und sich nach Liebe sehnendem Herzen kommt. Mich hat auch ein Satz von ihm fasziniert, das sich in seinem Nachlass fand: „Wo Verzweiflung und Sehnsucht sich paaren, da ist Mystik." Nietzsche hat beides gespürt: die Sehnsucht nach dem Gott, der uns in die Freiheit entlässt und uns die Fülle des Lebens schenkt, und die Verzweiflung – an sich selbst und an seinem Leben. Wo diese Spannung zwischen Verzweiflung und Sehnsucht ausgehalten wird, da gelingt der Sprung in die Mystik. Mystik ist eine Ahnung, dass wir in dieser Spannung Gott selber erfahren, dass Gott diesen inneren Zwiespalt in uns auflöst. Ich kann also als gläubiger Christ Nietzsche lesen, manches annehmen und bei anderen Aussagen seine Not an sich selbst spüren. Auf jeden Fall sind seine Schriften immer eine Anregung für mich: Wie verstehe ich mich selbst? Wie verstehe ich meinen Glauben? Wer ist für mich Gott? Und wer ist für mich Jesus Christus?

Da möchte ich gerne noch einmal nachhaken, weil mich interessiert, wie Du es auf den Punkt bringst: Wer ist für Dich Jesus Christus? Und was macht einen Christen wirklich aus?

Für mich ist Jesus Christus auf der einen Seite eine faszinierende Person. Er ist das, was man einen integrierten Menschen nennt, jemand, bei dem sich die beiden archetypischen Formen *anima* und *animus* verbinden. Jemand, der daher auch sehr achtungsvoll und einfühlsam mit Frauen umgeht. Und er ist ein Mann, der ganz und gar präsent ist, an dem man nicht vorbeigehen kann. Wenn er gepredigt hat, konnte man sich nicht bequem zurücklehnen und sagen: Das ist ja ganz nett.

Die Evangelisten sagen, dass er mit Vollmacht von Gott gesprochen hat. Und wenn er von Gott gesprochen hat, dann war da Gott lebendig. Dann haben sich all die Menschen gewehrt, die sich ihr eigenes Gottesbild zurechtgezimmert hatten: ein Gottesbild, das sie in ihrer eigenen Rechthaberei bestätigt.

Auf der andern Seite glaube ich, dass Jesus nicht einfach ein Religionsstifter war, sondern wirklich Gottes Sohn. Die Frage ist, was das heißt. Ich habe Dir schon geschrieben, dass für mich Dogmatik bedeutet: das Geheimnis offen halten. Manche behaupten: Jesus war nichts als ein begabter Religionsgründer. Dann reduziere ich Jesus auf etwas, was ich schon weiß. Und damit entziehe ich mich seinem Anspruch. Wenn ich sage, Jesus ist Gottes Sohn, dann weiß ich noch lange nicht, was das wirklich bedeutet. Aber ich lasse das Geheimnis offen. Ich lege Jesus nicht auf etwas Bekanntes fest, sondern ich sehe in ihm den, der mich in Frage stellt, der von Gott so spricht, dass ich mein eigenes Gottesbild ständig hinterfragen muss.

Ein Christ ist für mich der, der sich auf Jesus Christus einlässt, der seinen Worten folgt, der sich seiner Person stellt und der sich letztlich von seinem Geist der Barmherzigkeit, Liebe und Freiheit durchdringen lässt. Jesus ist ein Lehrer der Weisheit, der mir einen Weg zeigt, wie mein Leben gelingt. Aber seine Lehre ist nicht ablösbar von seiner Person. Jesus ist für mich auch die Person, um die ich kreise, der ich mich stelle, von der ich mich in Frage stellen lasse und der ich nachfolgen will, indem ich mich von seinem Geist verwandeln lasse.

Du sagst, dass Du mit der Annahme, dass Jesus der Sohn Gottes ist, das Geheimnis dahinter offen lassen willst. Wir wissen nicht genau, was es heißt, Sohn Gottes zu sein, aber wir müssen es auch nicht erklären können.

In Zeiten der Wissenschaft wollen wir heute aber keine Geheimnisse offen lassen – wir fühlen uns richtiggehend unbehaglich, wenn wir an einen Punkt kommen, den wir nicht erklären können. Einem Herzanfall muss beispielsweise eine ungesunde Lebensweise, eine ungünstige Genveranlagung oder zumindest ein emotional gebrochenes Herz zugrunde liegen, meinen wir, und wollen uns eigentlich damit selbst beruhigen, dass alle Zufälle, alle Geheimnisse, überhaupt keine sind. Auch sonst unternehmen wir alles Mögliche, damit wir nicht mit Ungewissheiten konfrontiert werden. Diejenigen, die sich auf Fügungen und Mysterien einlassen, nennen wir Lebenskünstler.

Wenn ich Deinen Worten folge, hört es sich so an, als wäre Religion auch ein Angebot, dass uns die Möglichkeit eröffnet, nicht immer zu meinen, nach Perfektionismus streben und Verantwortung für alles Leid übernehmen zu müssen, sondern uns vielmehr helfen will, den eigenen Anspruch, immer alles erklären und verstehen zu müssen, loszulassen. Die Kirche spricht allerdings oft nicht von den Möglichkeiten, sondern von engen Regeln und Verpflichtungen.

Ich kann mich noch gut an die Vorbereitungszeit zu meiner Erstkommunion erinnern, zu der auch die erste Beichte gehörte. Wir hatten einen kleinen Zettel bekommen, auf dem ein paar Verse standen, die wir dem Pfarrer vortragen sollten, gefolgt von unserer Beichte. Ich hatte mich nicht so gut vorbereitet und musste meine Verse ohne große Überzeugung ablesen. Das wäre nur halb so schlimm gewesen, wäre mir danach zumindest eine ordentliche „Sünde" eingefallen, die ich hätte beichten können.

Der Pfarrer wurde, nachdem ich ein paar Minuten angestrengt nachgedacht hatte, leicht ungeduldig und gab mir psychologische Hilfestellungen: Ob ich denn meinen Eltern manchmal nicht gehorchen oder mich mit meinen Geschwistern hin und wieder streiten würde. „Ja, schon", meinte ich zögernd, „aber nicht so häufig." Trotzdem schien der Pfarrer mit diesem Beichtgrund absolut zufrieden, und ich war glücklich, weil ich meine erste (und letzte) Beichte überstanden hatte und wieder nach Hause zum Spielen gehen konnte.

Wie ging Jesus mit dem Begriff Schuld um? Warum spielt Schuld in der Bibel eine so große Rolle, und warum muss sie mit blutigen Opfern – den geschlachteten Lämmern im Alten Testament und Jesus als ultimativem Opfer für unsere Sünden im Neuen Testament – begradigt werden?

Der Glaube muss sich heute in einer Welt bewähren, in der wir alles erklären wollen, in der wir auch Gott so erklären wollen wie eine Maschine, deren Funktionen wir genau beschreiben können. Doch Gott entzieht sich aller Erkenntnis. Die Vernunft rührt an das Geheimnis. Sie berührt Gott, aber nur Gottes Spuren. Gott selbst entzieht sich dem Zugriff der Vernunft. Dies zuzulassen ist die Bedingung für echte Menschwerdung. Denn wenn der Mensch alles begreifen könnte, würde er sich über alles stellen, anstatt sich vor dem Geheimnis zu verneigen. Doch nur der Mensch, der etwas Größeres anerkennt als sich selbst, ist wahrhaft Mensch. Dies bewahrt und vor Selbstsucht und Selbstverlust. So ist die Religion der Hüter des Menschen.

Das Thema Schuld wurde früher in der Kirche sicher zu stark in den Mittelpunkt gestellt. Die erste Botschaft war: Du bist schuldig, Du bist Sünder. Das entspricht nicht der Botschaft Jesu, dessen erstes Wort lautete: „Die Zeit ist erfüllt. Das Reich Gottes ist nahe. Kehrt um und glaubt an das Evangelium." (Markus 1,15) Jesus verkündete also die Nähe Gottes. Und das ist Anlass, umzudenken, anders zu denken, andere Bilder von Gott zu haben und der frohen Botschaft zu trauen, die Jesus uns verkündet. Aber Schuld ist natürlich, genauso wie das Leid, ein Menschheitsthema, das man nicht einfach verdrängen kann. In allen Kulturen und Religionen gibt es das Thema, dass der Mensch sein Menschsein verfehlen kann, dass er sich selbst, den andern und Gott gegenüber schuldig werden kann. Schuld meint: Verfehlung meines Menschseins – an mir selbst vorbeizuleben, letztlich das Ziel meines Lebens zu verfehlen. Was Dir der Pfarrer einreden wollte, das hat mit wahrer Schuld nichts zu tun. Er versteht Sünde nur als Übertretung von Geboten.

Der Mensch kann und wird schuldig werden. Und Schuldgefühle sind etwas Unangenehmes. Der Schuldige fühlt sich ausgeschlossen von der menschlichen Gemeinschaft. Er kann sich selbst nicht aushalten. Er läuft vor sich selbst davon, so wie Kain vor seiner Schuld – der Ermordung seines Bruders Abel – davonläuft und nie zur Ruhe kommt. Immer ist es ein Bedürfnis des Menschen, von seinen Schuldgefühlen frei zu werden. Ein Mittel, sich von der Schuld zu reinigen, war in Israel das Aufladen der Sünden des Volkes auf einen Sündenbock, den man dann in die Wüste geschickt hat. Dieses Bild haben dann manche auch auf Jesu Tod am Kreuz bezogen. Doch Jesu Tod war nicht ein Opfer in diesem Sinn. Am Kreuz wurde vielmehr die Sünde der Welt offenbar. Die Feigheit des Pilatus, der Verrat des Judas und der Neid und der Hass der Sadduzäer auf Jesus haben sich zusammengetan, um Jesus auszulöschen. Doch Jesus hat die Bosheit seiner Mörder durch seine Liebe überwunden. Er hat die Schuld nicht gesühnt, sondern durch seine Liebe die

Bosheit der Menschheit besiegt. Er hat am Kreuz seinen Mördern vergeben und uns so das Vertrauen geschenkt, dass Gott auch uns alles vergibt, was wir an Schuld auf uns laden.

Viele Menschen können sich selbst nicht vergeben, wenn sie nicht so leben, wie sie das eigentlich wollen. Sie sind unbarmherzig gegen sich selbst und auch andern gegenüber. Die Unbarmherzigkeit, mit der in unserer Gesellschaft ein Sündenbock nach dem andern geschlachtet wird, zeigt, dass wir von Jesus die Barmherzigkeit heute neu lernen müssen. Jesus hat die Sünder nicht verurteilt, sondern ihnen durch seine Liebe einen Weg zum Neuanfang ermöglicht.

Wir kommen also nicht um das Thema Schuld herum. Aber es kommt darauf an, angemessen von Schuld zu sprechen. Schuldgefühle dem andern einzuimpfen ist ja eine subtile Form von Machtausübung. Diese Form praktizieren nicht nur die Kirchen, sondern auch viele Mütter oder Väter. Sie vermitteln den Kindern: Du bist schuld, dass es mir so schlecht geht. Und kaum einer kann sich dann diesen Schuldgefühlen entziehen. Angemessen von Schuld zu sprechen, ist daher heilsam für die Menschen.

Unsere eigene Menschlichkeit zuzulassen ist wohl der erste Schritt, um nachsichtig mit den Fehlern anderer umzugehen. Schuld steht im direkten Zusammenhang mit Barmherzigkeit. Überhaupt habe ich das Gefühl, als wären alle negativen Attribute wie Schuld, Scheitern, Verachtung und so weiter gleichzeitig auch eine Art Sprungbrett für alles Positive, für Barmherzigkeit, Mitgefühl und Liebe. Käme es nie zu Katastrophen, zu menschlichem Versagen, könnten wir auch niemals zeigen, aus welchem gütigen Garn wir eigentlich gestrickt sind. Nachdem wir Schuld auf uns genommen haben, können wir beispielsweise Barmherzigkeit erfahren, nach Verachtung von manchen können wir die Liebe anderer empfinden.

Du sprichst von einem Jesus, der absolut barmherzig ist und durch den wir uns immer wieder selbst in Frage stellen müssen. Er galt ja zu seiner Zeit in gewissem Maße als Rebell – und Rebellen sind diejenigen, die gängige Denkweisen hinterfragen.

Haben wir Jesus heute aufgrund unserer eigenen Nöte vielleicht zu jemandem gemacht, dem man eben folgt, aber ohne ihn oder uns selbst wirklich zu hinterfragen?

Jesu Worte und Gleichnisse und sein Verhalten den Menschen gegenüber sind eine ständige Herausforderung, unser eigenes Denken zu hinterfragen. Zu jeder Zeit haben sich die Menschen Bilder von Jesus gemacht, um sich seinem Anspruch zu entziehen. Da gab es um das Jahr 1900 den sanften Jesus, dann Jesus den politischen Rebellen, dann Jesus den Moralapostel, dann Jesus den Wunderheiler und Löser aller Probleme und dann auch Jesus als Guru. Keines dieser Bilder trifft auf Jesus wirklich zu. Christsein bedeutet nicht nur, die authentische Lehre Jesu zu befolgen, sondern eine Beziehung zu seiner Person aufzubauen. Jesus ist als Sohn Gottes jetzt unter uns gegenwärtig. Die Kirchenväter sagen: Jesus ist der innere Arzt, der innere Lehrer. Er ist in uns lebendig und er erfüllt uns mit seinem Geist. Nur weil er uns den Heiligen Geist gesandt hat, sind wir fähig, wie er zu leben, uns von seinem Geist durchdringen und verwandeln zu lassen.

Es gibt christliche Kreise, die Jesus für sich vereinnahmen. Und sie meinen, nur die Menschen, die Jesus genau wie sie sehen, würden den richtigen Weg gehen. Doch sie merken gar nicht, wie sie sich ein bestimmtes Bild von Jesus gemacht haben.

Jesus entzieht sich immer wieder unseren Bildern. Er ist die ständige Herausforderung an uns, ihm zu begegnen und in der Begegnung mit ihm der eigenen Wahrheit zu begegnen. Jesus ist nicht der Zauberer, der alle meine Probleme wegzaubert. Die Heilung und Verwandlung des Menschen geschieht vielmehr in der Begegnung mit Jesus. Das gilt für die Menschen zur Zeit Jesu. Das gilt aber auch für uns heute. Indem ich Jesus begegne und in ihm letztlich Gott selbst, begegne ich meiner eigenen Wahrheit. Und so kann das Licht Jesu in die Dunkelheit meines Unbewussten und in das Chaos meines Denkens eindringen. Das Ziel ist nicht nur, die Moral Jesu zu befolgen. Lukas, der Evangelist, der griechisches Denken mit dem Geist Jesu zu verbinden sucht, meint vielmehr: Es geht darum, sich vom Licht Jesu ganz durchdringen zu lassen und so selbst zum Licht für andere zu werden, allein durch die Ausstrahlung, die wir haben. Jesus sagt im Lukasevangelium: „Wenn dein ganzer Körper von Licht erfüllt und nichts Finsteres in ihm ist, dann wird er so hell sein, wie wenn die Lampe dich mit ihrem Schein beleuchtet." (Lukas 11,36) Wir werden aber nur dann eine gute Ausstrahlung haben, wenn wir das Licht Jesu gerade auch in unsere dunklen Schattenseiten eindringen lassen.

Du sagst, Christsein heißt nicht nur, die Lehre Jesu zu befolgen, sondern eine Beziehung zu ihm aufzubauen. Beides stelle ich mir kompliziert vor: Woher weiß ich, was die authentische Lehre Jesu ist, wenn jeder Kirchenzweig dies anders auszulegen scheint?

Wie unterscheidet sich außerdem meine Beziehung zu Jesus von meiner Beziehung zu Gott, da Jesus ja eigentlich Gottes Botschafter auf Erden war? Und wie genau muss ich mir den Heiligen Geist in diesem Beziehungsdreieck vorstellen?

Du sprichst zwei verschiedene Fragen an. Zunächst zur authentischen Lehre Jesu. Jesu Worte und Lehre finden wir in der Bibel. Aber Du hast recht, es gibt sehr viele verschiedene Interpretationen. Deshalb müssen wir immer wieder darum ringen, dass wir auf die Worte Jesu hören, ohne sie mit unseren eigenen Interessen und Projektionen zu vermischen. Daher ist die Gemeinschaft der Kirche wichtig, in der wir gemeinsam um die richtige Auslegung ringen können. Aber daneben braucht es die persönliche Offenheit, um die Worte Jesu in mein Herz fallen zu lassen. Dann frage ich nicht nach der Interpretation anderer Leute. Dann geht es einfach darum: Wenn ich dieses Wort Jesu in mich hineinfallen lasse, wenn ich es schmecke, wenn ich es koste, wie es die frühen Mönche formuliert haben – was bewirkt das in mir? Wenn dieses Wort Jesu stimmt, was bedeutet es für mich? Wie kann ich mich und mein Leben verstehen? Es gibt nie eine fertige Deutung. Das muss immer wieder neu in der Begegnung mit Jesus und im Hören auf sein Wort erfahren werden, damit das Wort Jesu mich verwandelt.

Die zweite Frage zielt auf meine Beziehung zu Jesus, zu Gott und zum Heiligen Geist. Da sprichst Du etwas an, was man nicht so leicht erklären kann. Es gibt nur einen Gott. Aber Gott zeigt sich uns gegenüber in verschiedener Weise. Gott als Vater ist der, der unser Leben trägt, der uns und die ganze Welt geschaffen hat. Er ist der Schöpfer, dem wir in der Schöpfung begegnen. Und er ist der letzte Grund von allem, auch von unserem eigenen Leben. Jesus ist Gott, der Mensch geworden ist, einer von uns. In ihm zeigt uns Gott sein menschliches Herz. Und Jesus ist unser Bruder, der uns begleitet, der Lehrer, der uns den Weg weist und mit uns diesen Weg auch geht. Und er ist der, der unsere Wunden heilt, so wie er damals die Wunden der Kranken geheilt hat.

Der Heilige Geist ist die göttliche Kraft, die in uns ist. Gott ist auch „dynamis", die Kraft, die uns durchdringt, die uns immer wieder ermutigt, wenn wir schwach werden. So gibt es nur den einen Gott, aber wir erleben ihn auf verschiedene Weise, und Gott zeigt sich uns jeweils anders: als der Schöpfer, der Erlöser und Wegbegleiter und als der heilige und heilende Geist, der in uns ist und uns durchströmt.

AUF DER SUCHE NACH EINEM „WEIBLICHEN" GOTT

Im Gebet heißt es: „Gott, der Vater, der Sohn und der Heilige Geist" – als Frau fühle ich mich hier ehrlich gesagt unterrepräsentiert. Ich habe festgestellt, dass die meisten Religionen heutzutage Gott eigentlich überhaupt kein Geschlecht zuordnen. Im Katechismus der katholischen Kirche steht es sogar ganz genau: „Er ist weder Mann noch Frau; er ist Gott." Wenn das Geschlecht also nirgends vorgegeben ist, wieso sehe ich dann in den vielen Kirchen keinerlei weibliche oder zumindest androgyne Gottesbilder? Warum dürfen dann Frauen keine Messe halten? Wie sollen sich also moderne Frauen heute in so einer patriarchalischen Religionsstruktur wiederfinden? Warum spricht Gott in der Bibel größtenteils mit Männern, wo doch Frauen eigentlich oft spiritueller veranlagt sind?

Das Problem ist, dass das hebräische Wort für Geist „ruach" weiblich ist, das griechische Wort dafür „pneuma" aber Neutrum. Das deutsche Wort Geist ist auch männlich, ebenso das lateinische Wort „spiritus". Es gibt aus dem Mittelalter eine Darstellung der Dreifaltigkeit, in der der Hl. Geist als Frau dargestellt ist. Maria ist Prisma für den mütterlichen und weiblichen Gott. Gott ist weder Mann noch Frau, sondern jenseits unserer Vorstellungen der ganz andere. Maria repräsentiert die weibliche Seite Gottes. Interessant ist, dass in der Antike in der griechischen Stadt Ephesus die Göttin Demeter besonders verehrt wurde. Und gerade in dieser Stadt hat man im Konzil von Ephesus Maria zum ersten Mal „Gottesgebärerin" genannt. Damit hat man sie ganz nahe an Gott gerückt. Gerade die Ostkirche besingt Maria und meint in den Bildern ihrer Hymnen diesen weiblichen und zärtlichen Aspekt Gottes.

Im Neuen Testament beginnt Jesus einen neuen Umgang mit Frauen. Gerade im Lukasevangelium sehen wir, dass Lukas oft nach einem Gleichnis mit einem Mann ein Gleichnis mit einer Frau bringt – und nach der Heilungsgeschichte eines Mannes die einer Frau. Lukas ist als Grieche davon überzeugt, dass man von Gott nur richtig sprechen kann, wenn man ihn aus der Sicht des Mannes und aus der Sicht der Frau sieht. Bei Lukas sind die Frauen auch gleichberechtigte Jüngerinnen. In der frühen Kirche hatten die Frauen ähnliche Ämter inne wie die Männer. Dann hat man sich mehr der römischen Sitte angepasst und die Frauen wieder zurückgedrängt.

Man muss unterscheiden zwischen der Spiritualität, die in der katholischen Kirche durchaus weiblich geprägt ist, und der Rolle der Frau. Die ist in der katholischen Kirche sicher unterrepräsentiert. Daher kann ich mir auch vorstellen, dass Frauen zu Diakoninnen geweiht werden und irgendwann einmal auch zu Priesterinnen. Nur kann man das nicht einfach vom Schreibtisch aus befehlen. Das ist ein Prozess, der auch seine Zeit braucht.

Könnte man annehmen, dass jede Religionsform in gewissem Maße auch die gesellschaftlichen Strukturen zum Zeitpunkt ihres Entstehens repräsentiert – dass also vielleicht deshalb in der Bibel nur von Männern berichtet wird, die den direkten Kontakt mit Gott erlebten, weil Frauen zur damaligen Zeit oft nicht Teil der intellektuellen Gemeinschaft waren und sie vielleicht überhaupt nicht schreiben konnten? Vielleicht hätte man Frauen damals sogar ausgelacht, wenn sie von ähnlichen Gottesbegegnungen erzählt hätten. Ich tröste mich mit dem Gedanken, dass es vielleicht durchaus Gotteserfahrungen von Frauen gab, die aber ihre Erlebnisse anständig für sich behalten haben.

Die Religionsform repräsentiert oft die jeweilige gesellschaftliche Struktur, da hast Du recht. Es gab früher matriarchale Kulturen, in denen die Mutterreligionen vorherrschten. Da wurde Gott eher als Göttin gesehen. Die jüdische Form der Religion betonte dagegen den männlichen Aspekt. Die Israeliten mussten sich ihren Platz im Orient erkämpfen. Daher war Gott für sie eher ein männlicher Gott, ein Kriegsgott. Für mich hat Jesus, der natürlich in der jüdischen Tradition stand, diese Enge überwunden. Er hat von Gott in männlicher und weiblicher Form gesprochen. Er hat Frauen in seinen Jüngerkreis aufgenommen. Und die Erfahrung der frühen christlichen Gemeinden war, dass Frauen genauso spirituelle Erfahrungen gemacht haben wie die Männer. Sie wurden genauso vom Heiligen

Geist erfasst und sprachen in einer neuen Sprache, die jeden berührte.

Diese Offenheit für die Erfahrungen der Frauen wurde dann gegen Ende des 1. Jahrhunderts zurückgedrängt, weil das Christentum sich im Römischen Reich verbreiten wollte. Und die Römer waren geradezu allergisch gegen die enthusiastischen Frauen in den christlichen Gemeinden. Deshalb wurde das männliche Element neu betont. Gott sei Dank hat das Christentum auch den Frauen immer wieder – trotz aller Enge und Einseitigkeit – Raum gegeben, ihre Erfahrungen von Gott zur Sprache zu bringen. Es gab immer wieder wichtige mystische Bewegungen, die von Frauen angeführt wurden, so etwa die der Beginen im Mittelalter oder die deutsche Frauenmystik im 13. Jahrhundert – etwa Gertrud von Helfta oder Mechthild von Hackeborn. Im 11. Jahrhundert erhob Hildegard von Bingen ihre Stimme innerhalb der Kirche und hatte großen Einfluss auf die damalige Kirche, auch wenn sie von manchen Bischöfen großen Widerstand erfuhr.

Männer, die Frauen entwerten, weil sie Angst vor ihnen haben, entwerten damit auch die spirituellen Erfahrungen von Frauen. Das begann ja schon bei der Auferstehung Jesu. Als die Frauen, die dabei gewesen waren, den Jüngern von der Auferstehung Jesu erzählten, hielten die „das alles für Geschwätz und glaubten ihnen nicht". (Lukas 24,11)

Maria ist im Christentum, wie Du sagst, die Vertreterin, die Gott am nächsten kommt. In ihrer mütterlichen Fürsorge ist sie sicherlich eine positive, warme Repräsentantin der Weiblichkeit, doch mit der „Jungfräulichkeit" Marias habe ich meine Probleme. Wie müssen wir uns das überhaupt vorstellen?

Sicher gab es im Christentum sexualfeindliche Strömungen, die ihre Angst vor der Sexualität dann auch in Maria hineinprojiziert haben. Doch die Jungfräulichkeit Marias bedeutet nicht in erster Linie Verzicht auf Sexualität. Die frühe Kirche hat in der Jungfräulichkeit ein Bild für uns Menschen gesehen. Wir werden durch Gottes Geist befruchtet. Wir stehen unmittelbar vor Gott. Jungfräulichkeit wurde damals weniger biologisch, sondern vielmehr symbolisch verstanden.

Feministische Theologinnen betrachten heute das Jungfrausein Marias als Form der Selbstständigkeit. Sie ist nicht „die Frau von" und nicht „die Tochter von", sondern sie steht zu sich selbst. Das lateinische Wort „virgo" für Jungfrau kommt von „vireo oder viresco". Und das bedeutet: grün werden, aufblühen, stark werden. Die Jungfrau ist also die Frau, die innerlich lebendig ist, die aufblüht. Und sie ist eine selbstständige Frau. Künstler haben in Maria durchaus eine leidenschaftliche und schöne Frau gesehen. Du kannst ja mal die Marienbilder des Mittelalters oder der Neuzeit anschauen. Da ist einmal die Madonna, die schöne Frau, die von der Kunst immer auch als erotische Frau dargestellt wurde. Dann die gebildete Frau, die immer liest, dann die königliche Frau, die über sich selber herrscht und sich nicht beherrschen lässt.

Die Schönheit Aphrodites ist auch auf Maria übertragen worden. So zeigen es uns die Künstler. Die leidenschaftliche Natur Aphrodites kommt bei Maria sicher zu kurz. Aber sie wird auch sichtbar in Maria, der Rebellin, in Maria, der Kämpferin für die Armen. Im Magnificat, ihrem Lobgesang, wird etwas von dieser leidenschaftlichen Frau sichtbar, wenn sie betet: „Er stürzt die Mächtigen vom Thron und erhöht die Niedrigen. Die Hungernden beschenkt er mit seinen Gaben und lässt die Reichen leer ausgehen." (Lukas 1,52 f.)

Gerade die Menschen in Lateinamerika haben in Maria die Erfüllung ihrer Sehnsucht erkannt. Die sexuelle Leidenschaft, die in Aphrodite sichtbar wird, ist in der christlichen Tradition eher auf Maria von Magdala übertragen worden.

Wenn ich heute über Jungfräulichkeit nachdenke, so ist für mich der Gedanke der Freiheit und Fruchtbarkeit wichtig. Ich bin frei. Ich gehöre nie ganz einem andern Menschen. Ich stehe in mir selbst. Und ich bin fruchtbar aus mir selbst heraus. Ich bin in meiner Fruchtbarkeit nicht nur von andern abhängig. Auch in mir kann etwas aufblühen. Und Jungfräulichkeit heißt für mich immer: Jugendlichkeit, Frische, Lebendigkeit, Aufblühen. Gerade für mich, da ich den Namen Grün trage, erinnert mich die Virginität an die „viriditas", an die Grünkraft der hl. Hildegard von Bingen. Für Hildegard ist die Grünkraft die Kraft des Wachsens, der Lebendigkeit, der Frische und der Fruchtbarkeit.

Maria als Feministin, sozusagen – so habe ich sie noch nie betrachtet! Jungfräulichkeit als Bild für Eigenständigkeit, Ganzheit und inneres Aufblühen – danach sehnen sich auch Frauen von heute. So gesehen scheint es mir, als wäre mir die biblische Maria bislang völlig falsch nahegebracht worden!

Eigentlich wollte ich im Zusammenhang mit den weiblichen Figuren der Bibel auch auf die Engel zu sprechen kommen, bis ich feststellen musste, dass diese auch alle maskulin sind. Wie können wir uns die Engel vorstellen, sowohl in der Bibel als auch ganz konkret, in unserem eigenen Leben?

Die Bibel spricht von Engeln als den Boten Gottes. Damit ist immer die männliche Form gemeint. Die Kunst hat die Engel aber oft weiblich dargestellt. Die Bibel legt allerdings keinen Wert darauf, ob Engel männlich sind, sondern es ist wichtig, dass sie Boten Gottes sind. Und der Bote kann natürlich männlich oder weiblich sein. Aber letztlich steht der Engel, genau wie Gott, jenseits unserer Vorstellung von geschlechtlicher Differenzierung. Die Engel – so sagt die Theologie – sind „geschaffene, geistige Wesen und personale Mächte". Dieser abstrakte Satz bedeutet: Engel sind erfahrbar. Sie können als Impuls erfahren werden, der in unserem Innern auftaucht, als Erfahrung von Hilfe, von Verwandlung der Situation, als Lichterfahrung oder auch als Mensch, der uns im richtigen Augenblick begegnet. Manchmal sagen wir jemandem: „Du bist für mich zum Engel geworden."

Engel sind personale Mächte, das heißt auch: Sie sind keine Personen, weder männliche oder noch weibliche, sondern Mächte, die mein Personsein schützen. Damit Du das verstehst, möchte ich Dir ein Erlebnis schildern. Nach einem Vortrag kam ein zehnjähriges Mädchen auf mich zu und fragte mich: „Glauben Sie wirklich, dass der Engel mich nicht verlässt?" Ich sagte: „Ja, das glaube ich." – „Ja, aber wenn ich böse bin?" Ich sagte: „Der Engel hält dich auch aus, wenn du böse bist." – „Auch wenn ich immer wieder böse bin?" Ich antwortete: „Ja, der Engel hat Geduld mit dir." Das Mädchen fragte: „Woher wissen Sie das?" Ich sagte: „Die Bibel sagt uns das." Da ging das Mädchen getröstet weg. Es hatte offensichtlich andere Botschaften gehört. Vielleicht: „Du bist unmöglich. Mit dir kann es niemand aushalten." Und vielleicht hat es sich selbst nicht gut aushalten können, weil es nicht dem eigenen Idealbild entsprach. Da war das Bild des Engels für sie wichtig: Da ist einer, der mich aushält, auch wenn mich die andern oder wenn ich mich selbst nicht aushalten kann.

Ein anderer Aspekt der Engel: Sie bringen uns in Berührung mit dem Potenzial, das in unserer eigenen Seele steckt. Sie sind gleichsam Seelenbegleiter, die uns einführen in die Kräfte und Fähigkeiten unserer Seele. In diesem Sinn brauche ich das Bild des Engels, wenn ich vom Engel der Versöhnung, vom Engel der Achtsamkeit oder vom Engel der Gelassenheit spreche. Der Engel bringt mich in Berührung mit der Fähigkeit der Achtsamkeit oder Gelassenheit.

Die Engel zeigen uns, dass Gott ein menschlicher Gott ist, der sich erfahren lässt, indem er in unsere Einsamkeit, in unsere Dunkelheit und in unsere Verzweiflung einen Engel schickt, der unsere Situation verwandelt.

VOM UMGANG MIT KRITIK UND KRISEN

Ich habe oft das Gefühl, dass Du mit Deinem Glaubensansatz zu den liberalsten Christen gehörst, die ich kenne, obwohl man auf den ersten Blick meinen könnte, dass im Kloster nur die wirklichen „Überzeugungstäter" zu Hause sind. Du scheinst nach dem spirituellen Kern Gottes zu suchen, ohne Dich mit dem Ballast aufzuhalten, den die Menschen im Laufe der Jahrtausende ringsum aufgebaut haben. Du suchst nach dem Wesentlichen.

Als Mönch hast Du Dein ganzes Leben der Suche nach Gott gewidmet, einen der radikalsten Lebenswege gewählt, den man als gläubiger Christ gehen kann. Ich kann mir vorstellen, dass Du auch häufig kritisiert wirst – Menschen mögen Paradoxe nicht, weil sie sie verunsichern. Welche Kritik hörst Du am häufigsten, und wie gehst Du damit um? Wie vereinst Du den von Dir gelebten Liberalismus mit einem kategorischen geistlichen

Lebensweg? Kann man vielleicht sogar nur wahrhaft religiös sein, wenn man innerlich frei genug ist, Gott auf das Wesentliche zu reduzieren?

Ich versuche in meinen Vorträgen und Büchern, die Weisheit der christlichen Tradition, die Weisheit der Bibel, der Liturgie und der spirituellen Tradition in einer Sprache zu vermitteln, die die Menschen anspricht. Jesus war für mich auch ein absolut freier Mensch. Und Paulus sieht in der Freiheit das Wesentliche des Christentums: „Zur Freiheit hat uns Christus befreit" sagt er in Galather 5,1. Das weite Herz ist also ein Kennzeichen eines spirituellen Menschen. Wer kleinkariert und eng ist, der hat den Geist Jesu nicht verstanden, der setzt vielmehr seine eigene Angst absolut.

Ja, ich werde von verschiedenen Seiten kritisiert, von sehr konservativen Katholiken und von evangelikalen Christen. Sie werfen mir vor, dass ich die Theologie zu sehr mit der Psychologie vermische. Manche werfen mir auch vor, ich sei Esoteriker. Solche Vorwürfe höre ich mir an und frage: Wo sind sie berechtigt? Wo sehe ich vielleicht etwas zu einseitig? Und wo sprechen die Kritiker mehr über sich selbst und ihre Angst als über meine Theologie? Ich vermische nicht die Theologie mit der Psychologie. Ich führe nur weiter, was seit 2000 Jahren alle Theologen gemacht haben, einschließlich der biblischen Autoren. Schon der Evangelist Lukas hat einen Dialog mit der griechischen Philosophie geführt. Und Paulus hat stoische Philosophie studiert und ihr mit seiner Theologie geantwortet. Die stoische Philosophie war die Psychologie der damaligen Zeit. Ich bin nicht Esoteriker, sondern ich versuche, die Anliegen der Esoterik ernst zu nehmen und eine christliche Antwort darauf zu geben.

Manche werfen mir auch vor, ich würde dem Christentum die Strenge und Härte nehmen. Aber wenn ich Jesus genau meditiere, dann war er ein barmherziger und gütiger Mensch. Er hat auch harte Worte gesagt, aber nur dazu, um uns die Augen zu öffnen, damit wir nicht einfach in unserem Trott weitermachen.

Als Theologe und Philosoph weiß ich – im Einklang mit allen großen Philosophen und Theologen –, dass unsere Vorstellungen von Gott immer relativ sind. Gott ist jenseits all der Bilder, die wir uns von ihm machen. Und als Psychologe habe ich ein feines Gespür, wo unsere Frömmigkeit heilsam ist und wo sie uns krank macht. Man kann von Gott auch in einer Weise sprechen, dass man dem Menschen damit schadet. Man kann Gott als verlängerte Kontrollinstanz missverstehen oder als den strafenden oder willkürlichen Gott. Aber dann offenbart man mit solchen Gottesbildern immer, dass man in der eigenen Seele eine Selbstbestrafungstendenz oder eine übertriebene Kontrollinstanz hat.

Ich halte es mit dem hl. Benedikt, der sagt: Gott kann nur in einem weiten Herzen wohnen. Und spirituell ist nur der, der ein weites Herz hat. Ein weites Herz ist nicht unverbindlich. Ich versuche, konsequent den Mönchsweg zu gehen und mein Leben ganz auf Gott auszurichten. Aber auf diesem Weg spüre ich auch, worauf es ankommt: dass Gott in mir herrscht, der Gott, der mich in die Freiheit und Weite führt, der Gott, der mir in Jesus das Leben in Fülle geschenkt hat. (vgl. Johannes 10,10)

Du sagst, dass Du versuchst, Dein Leben ganz auf Gott auszurichten. Hast Du jemals das Gefühl gehabt, dass es riskant ist, Dein Leben der Suche nach Gott zu widmen und dafür so viele Dinge aufzugeben, wo wir nicht einmal mit Sicherheit wissen, ob es Gott tatsächlich gibt? Hattest Du jemals eine Glaubenskrise, und hat sich Dein Glaube im Laufe der Zeit verändert?

Die Suche nach Gott hält mich lebendig. Wenn ich mir Menschen vorstelle, für die alles klar ist, dann erschrecke ich eher. Ich denke mir: Wie wenig spannend ist deren Leben, wenn sie schon alles wissen, wenn sie gar nicht mehr suchen, wenn sie stehen bleiben und auch innerlich erstarren. Für mich entspricht die Suche nach Gott dem Wesen des Menschen.

Natürlich kenne ich auch die Zweifel: Ist das alles nur Einbildung? Aber wenn ich diese Zweifel zu Ende denke, dann merke ich, dass ich dem Glauben traue.

Der Glaube ist keine Gewissheit. Ich habe den Glauben nicht wie etwas Sicheres in der Hand. Aber glauben heißt für mich – wie bei Abraham –, immer wieder ausziehen aus alten Vorurteilen und Vorstellungen und sich auf den Weg machen in das unbekannte Land, in das Geheimnis, das ich letztlich nicht erfassen, sondern nur erahnen kann. Für mich lohnt es sich auf jeden Fall, immer auf der Suche zu bleiben. Benedikt sagt ja: Ein Mönch ist einer, der sein Leben lang nach Gott sucht. Wer aufhört zu suchen, der vertrocknet innerlich. Ich hatte als Jugendlicher immer Angst vor der Verbürgerlichung. Damit verband ich so etwas wie innere Erstarrung, Austrocknen, Stehenbleiben. So hat mich die Suche nach Gott seit meiner Jugend lebendig gehalten.

Inwieweit werden Deiner Meinung nach Menschen gezielt von Gott geleitet, sodass „alles kommt wie es kommen muss", oder sind wir letztlich unser Glückes eigener Schmied? Eigentlich entwickeln wir uns ja zu den Menschen, die wir sind, weil wir Lebenserfahrungen machen und auf bestimmte Menschen treffen, die unsere Lebensrichtung grundlegend beeinflussen. Legen wir uns also vielleicht erst im Nachhinein unser Leben so zurecht, dass die vielen Lebens-Mosaikteile alle Sinn machen?

Ich habe bei meinen wichtigen Lebensentscheidungen nicht immer darauf gewartet, dass Gott mir klar sagt, was ich tun soll. Natürlich habe ich immer auch im Gebet Gott gefragt, was sein Wille ist. Aber letztlich habe ich die Entscheidungen selbst getroffen. Ich denke an die Bitte des Abtes, ich solle Cellerar werden. Da war zuerst Widerstand in mir. Dann habe ich mit Mitbrüdern gesprochen und im Gebet auch die ganze Sache Gott hingehalten. Und dann hatte ich das Gefühl, dass ich „Ja" sagen muss. Im Nachhinein kann ich sagen, dass es Gottes Führung war. Aber im konkreten Augenblick habe ich es weniger als Führung erlebt. Überhaupt kann ich erst im Rückblick dankbar sagen, dass alles, was sich in meinem Leben ereignet hat, von Gott begleitet war. Aber ich wehre mich gegen die Vorstellung, dass alles in Gottes Computer festgelegt ist und wir nur das Programm erfüllen, das dort abgespeichert ist. Für mich ist die Freiheit des Menschen wichtig. In der Freiheit zu entscheiden müssen wir natürlich auf das hören, was Gott zu uns sagt. Gott spricht vor allem durch unsere Emotionen: durch das Gefühl von Frieden, Stimmigkeit, Lebendigkeit, Freiheit und Liebe. Wo diese Gefühle sind, da ist für mich auch Gottes Wille.

LEBENSWEGE UND „LETZTE DINGE"

Du bist jetzt im letzten Drittel deines Lebens. Wenn Du heute zurückblickst, welche Ereignisse und Erfahrungen waren Dir in Deinem bisherigen Leben am wichtigsten, welche Lebensannahmen haben sich als richtig oder als falsch erwiesen? Würdest Du diesen Weg noch einmal genauso gehen wollen? Welche Erkenntnisse hättest Du rückblickend schon als junger Mann gerne gehabt?

Wenn ich auf mein Leben zurückschaue, würde ich den Weg wieder so gehen. Als junger Mensch hätte ich gerne mehr psychologische Kenntnisse gehabt. Damals habe ich mich mehr nach religiösen Idealen gerichtet und zu wenig die Gesetze der menschlichen Psyche gekannt. So habe ich versucht, meine Fehler allein mit meinem Willen zu bekämpfen. Mit meinem heutigen psychologischen Wissen hätte ich nicht so viel gegen mich und meine Bedürfnisse und Leidenschaften gekämpft, sondern sie mehr in mein Leben integriert. Im Nachhinein sehe ich, dass ich manchmal zu viel Energie in die Kämpfe gesteckt habe. Allerdings erkenne ich auch an, dass es nicht schlecht war, dass ich darum gerungen habe. Nur hätte ich mit mehr psychologischer Kenntnis methodisch richtiger und mit einem klareren Ziel vor Augen gekämpft.

Den spirituellen Weg, immer durchlässiger zu werden für Christus, bin ich mein Leben lang gegangen. In der Jugend habe ich eher gedacht, ich müsste Jesus kopieren. Heute weiß ich, dass ich nur durchlässig sein kann für den Geist Jesu, wenn ich meine ganze psychische Wirklichkeit anschaue und sie vom Geist Jesu durchdringen und verwandeln lasse.

Wärest Du kein Mönch geworden, wie hättest Du Dir Dein Leben sonst vorstellen können?

Wenn ich nicht Mönch geworden wäre, wäre ich Psychotherapeut geworden. In der Jugend hat mich eher die Naturwissenschaft interessiert. Aber nach dem Abitur und in den ersten Studienjahren hat mich immer mehr der Mensch interessiert. Als Psychotherapeut hätte ich sicher eine ähnliche Aufgabe erfüllt wie jetzt. Ich hätte Menschen begleitet. Vielleicht hätte ich auch Bücher geschrieben. Und ich hätte vermutlich eine Familie gegründet. Das wäre alles möglich gewesen. Aber wenn ich mir diese Alternative vorstelle, dann bin ich doch dankbar für mein Leben, wie ich es jetzt lebe.

Glaubst Du an ein Leben nach dem Tod, und wenn ja, wie stellst Du es Dir vor? Welche Bilder hast Du von Himmel und Hölle?

Ja, ich glaube an das ewige Leben. Ich glaube, dass der Tod nicht das Ende, sondern ein neuer Anfang ist. Ich werde im Tod in Gottes Liebe hinein sterben. Aber vor Gott werde ich auch meiner eigenen Wirklichkeit und Wahrheit begegnen. Und da werde ich erkennen, dass ich in vielem gegenüber Gott verschlossen war und an ihm und an meinem Wesen vorbeigelebt habe. Diese schmerzliche Selbsterkenntnis ist das, was man früher Fegefeuer genannt hat. Doch das ist kein Ort und keine bestimmte Zeit, sondern es meint den Augenblick der reinigenden Begegnung mit Gottes Liebe.

Wenn ich mich in diese Liebe Gottes hineinbegebe, bin ich im Himmel, dann vollendet sich mein Leben.

Das einmalige Bild, das Gott sich von mir gemacht hat, wird dann in seiner ursprünglichen Klarheit sichtbar. Die Hölle wäre es, wenn ich mich der Liebe Gottes gegenüber verschließe. Dann bin ich ausgeschlossen von mir selbst und von Gott. Ich stelle mich außerhalb des Lebens und der Liebe.

Als Christ rechne ich mit der Möglichkeit der Hölle. Ich kann auch scheitern. Es gibt kein automatisches Einrücken in den Himmel. Aber als Christ darf ich hoffen, dass die Hölle leer ist, dass jeder Mensch angesichts der Liebe Gottes sich in diese Liebe hineinbegibt. Allerdings gibt es – so sagt Max Horkheimer, der Philosoph der 68er-Generation – ein Grundgesetz des menschlichen Lebens, dass die Täter nicht über ihre Opfer triumphieren dürfen. Daher gibt es das Gericht.

Wir dürfen es allerdings nicht nur als Verurteilung sehen, sondern als ein Ausgerichtetwerden auf Gott hin. Das Gericht gibt Tätern und Opfern die Möglichkeit, im Himmel nicht nur mit Gott, sondern auch miteinander eins zu werden, aber nur, wenn sie sich von Gott auf die Liebe hin ausrichten lassen.

Bilder des Himmels sind: Friede, Erfüllung, Vollendung, Klarheit, ewiger Augenblick, Einssein mit Gott und mit sich selbst und mit allen Menschen, ewiges Fest. Aber zugleich weiß ich, dass der Himmel und das ewige Leben jenseits aller Bilder sind. Ich traue den biblischen Bildern, aber ich weiß auch, dass wir uns letztlich nicht ausmalen können, was uns wirklich erwartet.

Als Mutter denke ich häufig schon über die nächste Generation hier auf Erden nach – meine eigenen Kinder und die meiner Verwandten und Freunde. Dabei frage ich mich, ob die Liebe und Güte, die ich anderen zu geben versuche, von ihnen weitergetragen wird. Und natürlich stellt sich mir auch die Frage, ob mir meine Fehler nach meinem Tod verziehen werden. In Beziehung zur nächsten Generation denke ich an die Dinge, die ich anderen hinterlasse, an Erinnerungen, die bleiben. In den Himmel kommen – das bedeutet für mich, im Frieden zu sein mit meinem Leben, meinen Beziehungen zu anderen, mit mir selbst. Und in die Hölle zu kommen hieße für mich, auf dem Sterbebett die Erkenntnis zu erlangen, an meinem Lebensziel vorbeigerauscht zu sein, einen Scherbenhaufen an kaputten Beziehungen zu hinterlassen, im Streit zu gehen, anstatt Frieden zwischen denen gestiftet zu haben, die mir lieb sind.

Ich gebe zu, dass ich mir hier eine recht liberale Theorie von Himmel und Hölle zurechtgelegt habe, aber an diesem Punkt kann mir letztlich auch keiner wirklich widersprechen. Wie das Leben nach dem Tod wirklich aussieht, das kann ich mir allerdings ehrlich gesagt kaum vorstellen. Ich frage mich manchmal, ob die Gefühle und Gedanken, die wir mit einer verstorbenen Person verbinden, dann tatsächlich ein Teil von deren Leben nach dem Tode sind.

Ich denke gerade an meine Oma, Deine Mutter: wie Sie oft lauthals gelacht und mit kraftvoller Stimme in der Kirche gesungen hat; ich denke an ihren wippenden Fuß unter dem Esstisch, an ihre faltigen, zarten Finger, an denen, Jahrzehnte nach dem Tod Deines Vaters, immer noch ihr und sein Ehering steckten. Ich spüre immer noch dieses warme Gefühl, wenn ich an sie denke, und überlege, was sie mir wohl in ihrem rheinischen Dialekt hin und wieder zusprechen würde. Ich denke daran, dass sie in schwierigen Zeiten für mich gebetet hat, und fühle mich immer noch beschützt. Wenn es ein Leben nach dem Tod gibt, dann bin ich mir sicher, dass sie jetzt mit Freude auf uns beide hinunter sieht und mit ihrer Neugier an unserem Gedankenaustausch Gefallen finden würde.

Die Buddhisten sprechen ja davon, dass es keinen Anfang und kein Ende gibt, dass jedes Leben in gewisser Weise eine Fortführung des letzten ist. Bist Du als Christ aber der Meinung, dass alle Menschen nur einen einmaligen Lebens-Versuch auf dieser Erde haben? Wo kommt unsere Seele her und wo geht sie hin?

Was Du über Himmel und Hölle sagst, hat seine Berechtigung. Aber es ist nicht alles, was wir darüber sagen können. Vor allem wäre es nicht schön, wenn Du am Sterbebett erkennen würdest, dass Du an Dir vorbeigelebt und nur Streit bewirkt hast. Dann wäre Dein Leben, so wie Du es beschreibst, ja ganz und gar umsonst gewesen. Doch wir Christen glauben, dass selbst ein verpfuschtes Leben noch eine Chance hat, verwandelt zu werden. Im Tod begegnen wir Gott – auch mit all dem, was wir hier an Ungutem hinterlassen haben – und wir können uns in diese Liebe hinein ergeben. Allerdings: Je mehr wir an uns vorbeigelebt haben, desto schmerzlicher wird die Begegnung mit Gott.

Wir bereiten uns hier schon die Hölle, wenn wir Streit und Zwietracht säen. Und wir bereiten uns hier auf Erden den Himmel, wenn wir im Frieden leben mit den Menschen und wenn von uns Liebe und Friede auf unsere Umgebung ausstrahlen. Es gibt die ewige Vollendung, die wir für alle erhoffen, auch für die, die an sich vorbeigelebt haben. Aber wir müssen durch das Gericht, uns ausrichten lassen auf Gott hin, damit wir uns dann durch den Schmerz der Selbstbegegnung in Gott hinein fallen lassen können.

Ja, ich glaube, dass jeder Mensch ein einmaliges Bild ist, das Gott sich nur von diesem Menschen macht. Wir können dieses einmalige Bild auch die Seele nennen.

Die Seele meint diesen einmaligen Menschen, den Gott formt. Natürlich wissen wir, dass ein Mensch durch die Vereinigung des männlichen Samens und der weiblichen Eizelle entsteht. Aber das ist nur das, was wir beobachten. Dahinter – so sagt uns die Theologie – steht der Akt der Bejahung durch Gott. Und dieser besteht darin, dass – hier können wir nur in Bildern sprechen – Gott in diesen Menschen ein einmaliges Bild einformt. Oder wie es Romano Guardini sagt: „... dass Gott in diesem Menschen ein Urwort spricht, das nur in diesem Menschen gesprochen wird", gleichsam als Passwort. Und unsere Aufgabe ist es, dieses einmalige Bild sichtbar werden zu lassen und dieses Urwort vernehmbar werden zu lassen. Im Tod wird dieses Bild, das oft genug durch unsere Fehler und Schwächen und durch unsere Schuld getrübt ist, in seinem reinen Glanz erstrahlen – wenn wir bereit sind, uns in der Begegnung mit Gott reinigen und im Gericht uns auf Gott hin ausrichten lassen.

Du sagtest zu Beginn, dass es Dir schon als Junge wichtig war, die christliche Botschaft überall hin „zu tragen". Mit Deinem schriftstellerischen Erfolg ist Dir dieser frühe Traum sicherlich gelungen.

Ich habe das Gefühl, dass Dich neben den Texten der Bibel und den Weisheiten der alten Mönchsväter auch sehr stark die Erkenntnisse des Psychologen C. G. Jung beeinflusst haben. Welche

Erkenntnisse ziehst Du jeweils aus diesen drei Quellen und wie haben sie Deine eigene Botschaft geformt? Was ist Deine wesentliche Kernaussage?

Ja, die drei wichtigsten Quellen der Botschaft, die ich vermitteln möchte, sind die Bibel, die Weisheiten der Wüstenväter und die Einsichten von C. G. Jung und anderen modernen Psychologen. Dabei ist mir die Bibel die wichtigste Quelle. Die beiden anderen Quellen sind Hilfen, die Bibel zu verstehen und sie in unser konkretes Leben hinein zu übersetzen.

Es ist gar nicht so einfach, eine Kernaussage zu formulieren. Aber ich versuche es: Ich darf so sein, wie ich bin. Alles in mir darf sein. Aber alles in mir will ich anschauen und Gott hinhalten.

Ich vertraue darauf, dass die Begegnung mit Gott, die Begegnung mit Jesus alles Dunkle und Chaotische und Unerlöste verwandelt, dass durch alles Chaos das Eigentliche in mir zum Vorschein kommt, das einmalige Bild, das sich Gott von mir gemacht hat. Und ich hoffe darauf, dass ich meine ureigenste Lebensspur in diese Welt eingraben kann, eine Spur, die zum Segen für andere wird und Licht in das Dunkel anderer bringt.

Wir feiern in jeder Eucharistie Tod und Auferstehung Jesu. Das ist für mich ein Bild der Hoffnung: Es gibt nichts, was nicht verwandelt werden kann; keine Dunkelheit, die nicht erhellt wird; kein Scheitern, das nicht zu einem Neuanfang wird; keine Erstarrung, die nicht aufgebrochen wird; nichts Totes, das nicht zum Leben erweckt wird; kein Grab, in dem nicht Leben aufblüht. So möchte ich mit der christlichen Botschaft den Menschen die Hoffnung vermitteln, dass sie bedingungslos geliebt sind und dass sie bei allem

Scheitern, bei aller Brüchigkeit und Begrenztheit ihres Lebens, an dem sie leiden, doch für andere zum Segen werden: nicht durch außergewöhnliche Leistungen, sondern indem sie ihr ureigenes Leben leben und das einmalige Bild Gottes in sich zum Ausdruck bringen. Und ich möchte vermitteln: Du bist wichtig. Du gräbst Deine eigene Lebensspur in diese Welt ein. Du prägst mit Deiner Spur diese Welt. Und ich wünsche auch Dir, Andrea, dass deine Spur diese Welt heller, menschlicher, barmherziger und wärmer werden lässt.

Was würde Dein Vater, der ja kurz vor Deiner Priesterweihe verstorben ist, zu Dir sagen, wenn er seinen Willi von damals als Pater Anselm von heute sehen könnte?

Mein Vater wäre vermutlich stolz auf mich. Vielleicht wären wir uns in theologischen Fragen nicht immer einig. Aber darauf würde er nicht pochen. Er wäre dankbar, dass sein Sohn in der Kirche etwas bewegen kann, dass viele Menschen durch seine Bücher berührt werden und dass er die christliche Botschaft in die Welt hinausträgt.

Mein Vater hatte auch etwas Missionarisches. Er wollte in der Welt bewusst als Christ leben. Er hat sein Christsein den Leuten nicht aufgedrängt. Aber es war ganz klar, dass er dazu stand und dem, der ihn nach seinem Leben fragte, auch davon Zeugnis ablegte, dass der Glaube ihn durch alle schwierigen Zeiten getragen hat.

Der amerikanische Geistliche Aiden Wilson Tozer sagte einmal: „Was auch immer Dir ins Herz und in den Sinn kommt, wenn Du an Gott denkst, ist die wichtigste Aussage über Dich selbst." An was denkst Du, wenn ich Dir diese Frage stelle?

Ich halte mich an das Wort von Evagrius Ponticus (345–399): „Willst du Gott erkennen, lerne vorher dich selbst kennen." Selbsterkenntnis und Gotteserkenntnis gehören zusammen. Ich kann versuchen, mein Dasein psychologisch zu deuten. Aber so werde ich die Tiefe meines Menschseins nicht ausloten können. Ich habe über Karl Rahner promoviert. Und der meint: In jedem Erkenntnisakt gehen wir schon über uns hinaus und meinen das Unendliche. Jede Liebe weist über sich hinaus in die unendliche göttliche Liebe. Jeder Freiheitsakt meint schon etwas, was diese Welt übersteigt. Wenn wir also über den Menschen richtig nachdenken, erkennen wir sein Verwiesensein auf Transzendenz, auf etwas, was größer ist als er selbst. Das hat ja auch C. G. Jung von der Psychologie her so gesehen. Insofern würde ich sagen: Ich kann über den Menschen nur dann richtig sprechen, wenn ich auch Gott mit in den Blick nehme, wenn ich das Verwiesensein des Menschen auf das Geheimnis mit bedenke.

Aber umgekehrt gilt auch: Ich kann nur dann über Gott richtig sprechen, wenn ich dem Menschen in seinem Wesen gerecht werde. Leider benutzen manche religiöse Autoren Gott, um den Menschen klein zu machen, um ihn zu entmündigen, um ihm Schuldgefühle einzuimpfen, damit er sich an Gott wendet. Das ist eine Fehlform von Religion: Ich mache dem Menschen Angst, dass er ohne Religion nicht auskommt. Ich muss ihn erst schlecht machen, damit er sich in der Religion angenommen fühlt. Durch eine solche Theologie, die den Menschen zuerst schlecht macht, um dann von der Größe Gottes zu sprechen, hat man viele starke Menschen dazu gebracht, sich von der Religion zu distanzieren. Für mich ist der Weg anders: Ich muss den Menschen in seiner Würde, in seinen Fähigkeiten, in seiner Kraft so ansprechen, dass er Gott als den Grund seiner Würde, als die Quelle seiner Fähigkeiten und Kraft und als das Ziel seiner Sehnsucht erkennt. Ich mache den Menschen nicht klein, um ihm die Größe Gottes nahezubringen. Es gilt, sich selbst realistisch wahrzunehmen. Indem ich den Menschen auf die unendliche Größe Gottes verweise, in der er seine eigene Würde und Größe erkennt und in Dankbarkeit zu leben vermag, gewinnt er eine neue Dimension für sein Leben.

Als Ehefrau und Mutter steht das Thema Liebe im Mittelpunkt meines Lebens und ist darum auch mein erster Gedanke, wenn ich über Gott nachdenke: Liebe schenken, Liebe empfangen und sich selbst lieben lernen. Gott und Mensch sind auch für Dich in der Liebe miteinander verwoben und Du sprichst davon, dass Selbsterkenntnis und Gotteserkenntnis Hand in Hand gehen.

Jetzt bist Du schon mehr als 40 Jahre Mönch. Hast Du den Eindruck, dass Du auf Deiner lebenslangen Suche nach Gott Dir selbst und damit auch Gott schon ein kleines Stückchen näher gekommen bist? Haben sich Deine Erkenntnisse, die Du im Laufe der Zeit für Dich gewonnen und die du bei Gott gesucht hast, auch verändert?

Ist am Ende vielleicht erst der Moment des Todes der Zeitpunkt, an dem unsere Selbsterkenntnis und Gotteserkenntnis zusammentreffen?

Ich hoffe, dass ich auf meinem Weg der Selbsterkenntnis und Gotteserkenntnis etwas vorangekommen bin. Aber man kann den Fortschritt nicht so leicht messen. Es ist ein ständiger Prozess. Und ich entdecke bei mir immer wieder neue Seiten. Und auch Gott ist immer der Unbegreifliche. Es geht mir immer mehr auf, wie Gott ist. Aber bei aller Erkenntnis bleibt Gott für mich auch immer unverständlich. Gerade wenn ich dem Leid eines anderen Menschen begegne, kann ich gar nicht viel von Gott sagen. Da kann ich Gott nicht rechtfertigen. Da muss ich einfach die Unbegreiflichkeit Gottes aushalten.

Ich glaube, auf meinem Weg der Selbsterkenntnis hat sich schon etwas in mir verändert. Ich bin demütiger geworden. Ich wage nicht, große Worte zu machen. Denn ich weiß, dass große Worte oft die eigene Wirklichkeit überspringen. Man kann sich auch in große Worte von Gott und von einem selbst flüchten. Aber je mehr ich Gott begegne, desto stärker wird die Demut. Als junger Mönch habe ich mit Demut überhaupt nichts anfangen können. Da wollte ich voller Ehrgeiz weiterkommen und durch Studieren immer mehr von Gott wissen. Aber jetzt im Alter merke ich, dass Studieren allein nicht zu Gott führt, sondern nur die Begegnung, in der ich immer auch meiner eigenen Brüchigkeit begegne.

Ja, der Tod ist der Zeitpunkt, an dem Selbsterkenntnis und Gotteserkenntnis zusammenfallen. Da begegne ich der Liebe Gottes. Und in ihr erkenne ich auch, wer ich selbst bin. Dann werde ich all das entdecken, was in mir noch unbewusst war oder was ich verdrängt habe, wo ich von meinem wahren Wesen abgewichen bin. Aber die Selbsterkenntnis ist nur ein Augenblick. Indem ich mich selbst erkenne, werde ich auch in der Liebe Gottes von allem gereinigt, was mein wahres Wesen verstellt.

„Die Selbsterkenntnis ist nur ein Augenblick", sagst Du. Für mich waren es im Rückblick oft schwierige Zeiten des Umbruchs, in denen ich am meisten innerlich gewachsen bin. Mitten im Leben gibt es immer wieder solche toten Punkte, Momente in denen wir einen „kleinen Tod sterben", etwas endgültig loslassen müssen. Eine Zeit, in der uns plötzlich die Schleier von den Augen fallen und für uns ein neuer Lebensabschnitt beginnt – ein Augenblick, in dem sich ein neuer Weg vor uns auftut, ein Moment, in dem wir unsere Masken ablegen die wir uns im Laufe des Lebens zugelegt haben, in dem wir die Waffen fallenlassen, die wir lange und mühsam mit uns herumgeschleppt haben. Dann fühlen wir uns erst einmal nackt und verwundbar, und dennoch stark und kraftvoll, unser Blick auf die Zukunft gerichtet. Wir trauern um den Tod einer Idee, eines Lebensideals, und spüren zugleich, dass jetzt etwas Neues beginnen kann.

Wenn unsere äußere und unsere innere Rüstung abfällt, dann können wir auf den inneren Grund unserer Seele blicken, und dann ist meistens nichts weiter übrig als die Liebe, von der Du sprichst.

Ich danke Dir für die Zeit die Du Dir genommen hast, für unseren Dialog der vergangenen Monate, für alles, was Du mir und den Lesern dieses Buches mit auf den Weg gibst.

NACHWORT

Lieber Onkel Willi,

aus der Quantenphysik kennen wir das Phänomen, dass ein Beobachter sein Objekt nicht messen kann, ohne dass sich Beobachter und Objekt in irgendeiner Weise beeinflussen. Nach und nach nahm unser Dialog also ein Eigenleben an, es entstand eine Dynamik, die weder Du noch ich im Vorfeld ahnen konnten.

Ich habe mich zu Beginn unseres Dialogs oft gefragt, inwieweit unser Austausch Dich vielleicht verändern würde. Am Ende musste ich feststellen, dass er mich selbst verändert hat: Ich werde Begriffe wie Fülle und Reichtum, Erfolg und Scheitern, Liebe und Einsamkeit, Ehrgeiz und Selbstbild von nun an anders deuten als zuvor. Ich bin den Fragen, wer Gott ist, ob es Gott überhaupt gibt und ob diese Tatsache am Ende eigentlich wichtig ist, ein kleines Stückchen näher gekommen.

Seneca wird folgender Satz zugeschrieben: „Fest und stark ist nur der Baum, der unablässig Windstößen ausgesetzt war, denn im Kampf festigen und verstärken sich seine Wurzeln." Ich meinte, Dich mit meinen Fragen vielleicht manchmal aus dem Konzept bringen zu können, und musste dann feststellen, dass ich mich oftmals selbst hinterfragen musste. Ich merkte mehr und mehr, dass Deine Wurzeln schon ziemlich sicher verankert sind, ich aber meine eigenen tiefer vergraben muss.

Wir sind uns nicht unähnlich: Beide suchen wir nach dem Wesentlichen, wollen Brücken bauen, Liebe verbreiten und durch all dies letztlich uns selbst finden – Du als Mönch und ich als Mutter. Wir sind beide ein Leben lang auf der Suche nach Antworten – das macht, wie Du sagst, auch einen Schriftsteller aus. Und doch hast Du Dir für Deine Suche ausgerechnet ein Ziel ausgesucht, auf dass es keine endgültige Antwort gibt.

Glauben scheint ein Paradox zu sein – wer glaubt, weiß nicht. Und doch führt uns die Suche nach dem Glauben zu mehr Weisheit. Aber vielleicht ist es gerade dieser Gegensatz, der die Suche nach Glauben so menschlich macht. Wir sind voll von solchen scheinbaren Widersprüchen: Dein Verzicht auf partnerschaftliche Liebe führt Dich, wie Du sagst, zu mehr Selbstliebe – etwas, was Paare innerhalb ihrer Beziehung auch unbedingt lernen müssen. Dein Verzicht auf weltliche Güter hat Deinem Kloster dank des riesigen Erfolges Deiner Schriftstellerei großen Reichtum beschert. Als Mönch hast Du nicht die Freiheit, nach Belieben Deinen Wohnort zu wechseln, aber Dein Lebensweg hat Dir die Möglichkeit gegeben, die Welt zu bereisen. Du akzeptierst Einsamkeit als wichtigen Teil deines Lebens und hast gleichzeitig mit viel mehr Menschen Kontakt als unsereins. Du bist zutiefst gläubig und doch ein absoluter Freigeist.

In der westlichen Welt sind wir nicht geschult, Paradoxe zu akzeptieren – sie verunsichern uns. Bei uns herrschen die strengen Regeln der Logik nach Aristoteles. Wir denken schwarz-weiß: A ist A, A ist nicht nicht-A und A kann nicht A und zugleich nicht-A sein. Aber so schwarz und weiß funktioniert unser Leben nicht, funktionieren wir Menschen nicht, funktioniert offensichtlich auch keine Beziehung zu Gott. Denn Gott ist, wie Du sagst, einerseits ein Du, das Du ansprichst, und andererseits auch der tiefste Grund Deiner Seele. Besser als Du kann ich es nicht sagen:

„Gott ist persönlich und über-persönlich. Er ist in mir und außerhalb von mir. Er ist über mir und unter mir. Ich kann ihn nur umkreisen, um dann vor seiner Unbegreiflichkeit zu kapitulieren."

Wenn wir zulassen, dass Paradoxe Sinn machen können und dass unser Verstand nicht alles erklären muss, dann sind wir auf dem besten Wege, uns selbst anzunehmen. Dann können wir uns und andere mit all unseren Widersprüchen lieben lernen und – paradoxerweise – gleichzeitig auch offen werden für mehr als uns selbst: aus Demut, Dankbarkeit und dem Erkennen der eigenen Unvollkommenheit. Diese Einsicht gilt sowohl für Dich als Mönch wie für mich als Mutter, als Mann und Frau und über alle Generationen hinweg.

Vor der Unbegreiflichkeit Gottes immer wieder zu kapitulieren, sie mit vollem Verstand anzunehmen, nicht wissen zu können und trotzdem zu glauben, ist mutig. Ob ich Deinen Mut auch habe? Dieses Geheimnis lasse ich offen.

Deine Andrea

ÜBER DIE AUTOREN

Anselm Grün, Jahrgang 1945, ist Benediktinermönch der Abtei Münsterschwarzach, deren Cellerar (wirtschaftlicher Leiter) er 36 Jahre lang war. Als Kursleiter und geistlicher Begleiter ist er für viele Menschen unterwegs. Mit zahlreichen Veröffentlichungen und Vorträgen erreicht er Millionen von Lesern und Zuhörern.

Andrea J. Larson, Jahrgang 1978, verheiratet, Mutter von drei Kindern, lebt mit ihrer Familie in den USA. Gemeinsam mit ihrer Mutter Linda Jarosch, der Schwester von Anselm Grün, hat die deutsche Autorin bereits ein Buch zur Mutter-Tochter-Beziehung veröffentlicht. Zuletzt erschien von ihr ein Ratgeber mit dem Titel »Lange lieben wollen«.

Verlagsgruppe Random House FSC® N001967
Das für dieses Buch verwendete FSC®-zertifizierte Papier
Munken Premium Cream liefert Arctic Paper Munkedals AB, Schweden

© 2014 by adeo Verlag
in der Gerth Medien GmbH, Asslar
Verlagsgruppe Random House GmbH, München
und Vier Türme Verlag
Vier Türme GmbH, Münsterschwarzach

1. Auflage Januar 2014
2. Auflage April 2014
3. Auflage Mai 2014

Bestell-Nr. 835003 (adeo Verlag)
ISBN 978-3-86334-003-2 (adeo Verlag)

ISBN 978-3-89680-872-1 (Vier Türme Verlag)

Umschlaggestaltung: Gute Botschafter GmbH, Haltern am See
Fotos (Titel, S. 2, S. 190/191) © 2013 Kristin Moore, www.kristinmoorephoto.com
Satz: Uhl + Massopust GmbH, Aalen
Druck und Verarbeitung: GGP Media GmbH, Pößneck
Printed in Germany